洛伦茨科普经典系列

文明人类的八大罪孽

文明人类的八大罪孽

[奥] 康拉德·洛伦茨 著

徐筱春 译

中信出版集团 · 北京

目 录

谁要是认定自己的观点不可能被大多数人所理解，那就太狂妄自大了。本书所述的一切比高中生所学的微积分要好理解得多。只要一种危机的起因被充分认识，那么其危害性就会被大大削弱。

人类是由原始灵长类通过自然选择的过程进化而来的。现在的人类具有高度发达的智力和操作能力，他们可以注意到生物潜能和环境阻力之间的极不平衡。人类不可避免地要对其他物种和生态系统作最后的控制与平衡，否则，掌握技术的人类最终也只能成为地球进化史上的匆匆过客。

罗马俱乐部一份名为"增长的极限"的报告，对当代西方所热衷的"增长文化"进行了尖锐的批判。人口爆炸，现已成为全球性的危机。公元元年，世界人口仅有2.5亿。而20世纪末的人口统计已近60亿。人口与经济的快速增长以及人们对科学技术的崇拜与放纵，使全球不可再生资源和材料急剧消耗，导致经济资源紧张、环境污染、生存空间拥挤、人际关系衰竭以及犯罪率的升高。

"大自然是永不枯竭的"，这是一种流传极广的错误观点。生机盎然的大自然哺育了人类，而人类却以盲目而残忍的方式破坏着大自然，从而使其受到生态毁灭的威胁。生存空间的破坏，对大自然的疏远，将使文明人类出现美感丧失以及人种野蛮化。

随着科技的进步，人口的膨胀，自然资源的短缺，人类物种内部的竞争也日趋激烈。金钱不再是一种工具，而成为了人类追逐的目标。恐惧性忙碌和忙碌的恐惧正在剥夺人类最根本的特性。种内竞争压力和对速度的盲目追求，无时无刻不在迫使人类"自残"。恐惧——这种人类健康的天敌，80％的身心疾患与此有关，使得人们必须以喧闹的娱乐抑制内心的不安，逃避每一个独立思考与反省的机会。

追求快乐与避免不快是人类的本能，但随着科技的发展，人类对二者越来越趋向于过度追求。对"不快"的回避使人类精神脆弱，对"快乐"的过度追求又会使人类长期处于刺激情境之中，快乐的吸引力如果不断减弱，就会迫使人们不停地追寻新的更强烈的刺激。这种狂热的"嗜新症",造成现代人类的情感死亡。

人类天生就是一种文化生物。人类的本能驱力和人类受到文化、责任约束所产生的克制构成一个体系,这种平衡一旦被打破,便会出现障碍。若我们观察一下那些原本是野生的、后来放到笼子里喂养之后发生蜕变的家畜,就可以推知,一旦废除了特异性选择,社会行为方式发生蜕变的速度将会多么惊人地加快,它所导致的情感障碍和道德障碍都将是灾难性的。

一个民族的文化传统决定着人们的思维方式和生活方式,所有的文化发展都是以积累的传统为基础的。青年人对传统的摒弃多出现在青春期,他们否定传统,而对所有的新鲜事物充满好奇,亦称"生理嗜新症"。他们总是毫不犹豫地加入到年轻团体中去,以满足自己的"认同作用"和"团体归属"的欲望。

美国行为心理学家华生声称,如果环境可以控制,给他若干健康的婴儿,他就可以把他们变成任何一类人,无论是伟人或是强盗。这便是人的可灌输性。现代社会的大众传媒、商品广告以及对时尚潮流的追逐,更强化了人们的可灌输性。科学对"时尚"的易感受性则更是危险。人口爆炸产生了无法避免的"个性丧失"与"一致性";

对大自然的疏远使人失去了"崇敬"的功能；人类的功利主义思想使得自身的商业竞争把手段当成目的；情感冷漠现象更不容忽视。所有这一切都可在科学领域的非人性化现象中找到踪影，这些文化疾病便是产生这些现象的根源而非结果。

上述文明人类的八大罪孽既相互独立，又相互关联。它们不仅使人类的现代文明出现衰竭征兆，而且使人类面临着毁灭的危险。

前言

　　谁要是认定自己的观点不可能被大多数人所理解，那就太狂妄自大了。本书所述的一切比高中生所学的微积分要好理解得多。只要一种危机的起因被充分认识，那么其危害性就会被大大削弱。

这本论著原本是作为纪念文集发表，用来庆贺我的朋友爱德华·鲍姆加腾（Eduard Baumgarten）的七十寿诞的。但就书的内容而言，它既不适宜这种愉快的场合，也不符合老寿星的乐观个性。因为，它是一部公认的悲歌，它的目的是敦促全人类来忏悔、改过。从这个角度而言，人们可视之为圣·卡拉·亚伯拉罕式的布道，而不是所谓的自然科学论著。然而我们毕竟生活在这样一个重视科学的时代，这个时代的人们完全有能力去洞察某种危机。

我的这些告诫通过广播电台传播出去后，引起了令人吃惊的极大反响。我收到无数读者和听众的来信，他们希望这些文章可以付梓成书。而与此同时，我的诸多好友也敦促我让更多的读者一览此书。

　　这种种出人意料的反响可以视作佐证，来证明这本论著中所流露出的悲观主义情绪只是一派谎言而已。那个男人（指作者本人）自视为荒漠旷野中孤独的告诫者，原来却是面对众多极其明智的听众在演讲！更关键的是，重读自己的论著，我发现好几个在当时来看尚有些前卫的观点，在今天看来却早已过时。例如，本书曾提及"生态学这门科学的重要性未被充分肯定"。而在今天，人们确实不能再作此断言了，因为我们巴伐利亚州的"生态学小组"就有幸得到了许多重要机构和部门的支持与理解。

　　人口爆炸以及一味追求发展的意识形态的危险性，也为越来越多的富有理智和责任心的人们所认识。而在避免破坏生存空间方面，人们也采取了许多措施，虽然这些还远远不够，但毕竟已经使人们看到了希望的曙光。

　　在另外一些方面，我也应该修正自己的见解，使之更加乐观一些。例如，在谈及行为主义学说时，我曾强调"它无疑应对美利坚合众国所面临的道德与文化的崩溃负有相当大的责任"。而此刻，在美国内部，有关强烈抵制这种错误思潮的呼声也越来越高涨了。虽然这些呼声受到了种种扼制，但毕竟已经出现了。事实上，只有沉默才能湮没真理。这些源自美国的现代精神流行病总是稍作停留便会传染到欧洲，当行为主义在美国逐渐减弱之际，却又在欧洲的心理学家和社会学家中蔓延开来。可以预见的是，这种流行病也必将逐渐消失。

接下来，我还想就上下两代之间的敌视作一个小小的补充。除非受到政治势力的煽动，或是完全无法信任长者的任何言行，否则的话，当代的年轻人一定会愿意接受那些源于自然的基本真理。而我绝对有信心可以让那充满变革精神的青年一代相信本书第七章中所阐述的真理。

谁要是认定自己的观点不可能被大多数人所理解，那就太狂妄自大了。本书所述的一切比高中生所学的微积分要好理解得多。只要一种危机的起因被充分认识，那么其危害性就会被大大削弱。因此，我坚信并希望，这本书可以为减少人类所面临的危机作出微薄的贡献。

康拉德·洛伦茨

1972年于塞威森（Seewiesen）

第一章

生命系统的结构特征与机能障碍

　　人类是由原始灵长类通过自然选择的过程进化而来的。现在的人类具有高度发达的智力和操作能力，他们可以注意到生物潜能和环境阻力之间的极不平衡。人类不可避免地要对其他物种和生态系统作最后的控制与平衡，否则，掌握技术的人类最终也只能成为地球进化史上的匆匆过客。

背景知识

1858年，查尔斯·达尔文发表了《物种起源》这本划时代的杰作。书中辟有专门章节论述了"本能"与"遗传"的概念，同时提出了大量的证据，证明适应是"自然选择"（适者生存）的结果。"适者"并非许多人所误解的最强壮、最高大或最具攻击性者，而是指那些最适合于在它这个物种所存在的特定环境中生存和繁殖的个体。在《物种起源》出版10多年之后，达尔文又连续出版了对现代心理学产生了巨大影响的两部著作：《人类的由来及性选择》（1871年）和《人类和动物的表情》（1872年）。这两部著作不仅继承了《物种起源》的基本观点，进一步阐释了"自然选择"在人和动物进化上的作用，而且提出了人类与其他动物在种系及心理发生上的连续性的问题，并由此导致了现代

"比较心理学"的诞生。在《人类的由来及性选择》一书中，达尔文提出了著名的"人猿同祖论"，并且花了相当的篇幅来论述"人类与较低等动物之心理能力比较"。他写道："尽管人类和高等动物之间的心理差异是巨大的，然而这种差异只是程度上的，并非种类上的。我们已经看到，人类所引以为豪的感觉和直觉，各种感情和心理能力，例如爱、记忆、注意、好奇、模仿、推理等等，在低于人类的动物中都处于一种萌芽状态，有时甚至处于一种十分发达的状态。"这一见解对于动物行为学家洛伦茨的影响是十分巨大的。

自从达尔文关于物种起源的学说问世以后，这种适用于所有生物学科的理论也被应用到研究动物及人类的行为上，于是便产生了"行为学"这门学科。而行为学之所以在后来变得如此引人注目，则可以在行为科学的历史中找到缘由，这一点我们将在后面的章节中论及。行为学把动物及人类的行为视作一种系统的机能。这种系统的存在及其特殊形式应归功于历史——种系发生、个体发展以及人类的文化史——的发展过程。而其中最关键的问题是："为什么一个系统是这样的而不是那样的？"这个问题只有在对这种发展过程的客观阐述中才能找到其合理的答案。

有机体产生的原因很多。在所有的原因中，除了基因的突变和重新组合过程外，自然选择起着最重要的作用，它使得有机体产生了"适应"，可以获取客观环境中对其生存具有重要意义的信息，换句话说，"获取有关客观环境的知识"。

这种通过适应生态环境而产生的结构和机能是生物所特有的，在无机界中就不存在。由此也迫使研究人员面对这样一个问题："目的是什么？"而这个问题是物理学家与化学家们不熟悉的。因为，当生物学家这么问的时候，他并非在探索唯心主义的"目的论"，而是想探求一种特征所代表的物种保持性能。例如当我们问及，为何猫有弯曲的利爪时，答案就是"为了抓老鼠"，而这也正是对"猫爪的形状代表猫的何种物种保持性能"这个问题的简单回答。

如果人们长期从事这样的研究，一而再、再而三地提出有关生物的特殊结构与行为方式方面的问题，再如果可以一而再、再而三地得到与之相关的、令人信服的答案，人们便会倾向于这种看法：错综复杂、千奇百怪的形态结构以及行为的形成也都是通过选择和适应得以完成的。然而，如果就文明人类的某些固定行为模式提出"目的是什么"这个问题的话，人们则会对这种看法的正确性提出质疑。人类为什么要毫无节制地繁衍后代？为什么要近似疯狂地忙于竞争？为什么武器的数量与威力不断增加？为什么城市化的人类变得娇弱不堪？诸如此类等等。如果人们再进一步地观察与思考则会发觉，几乎所有这些人类的失误都干扰了人类某些原本可以发展为具有物种保持价值的行为机制，换句话说，这些失误都是病态的。

人类的社会行为是建立在有机系统这个基础上的，对这一系统的分析是自然科学家最困难的、同时也是最具挑战性的工作，因为有机系统绝对可以称得上是世界上最复杂的。再加上人类的行为又被众多反常现象所叠加、扭曲，使得这个本来就困难无比的探索工作变得更加不可行了。然而，这还不是最糟的，因为对于分析有机系统这项工作而言，最大的困扰在于：系统的病理紊乱往往正是了解这个系统的钥匙。也就是说，正是由于某种病理紊乱导致了疾病，才使得研究人员注意到一种重要的有机系统的存在。关于这一点，我们可以从生理学的发展史上找到许多例子来加以证明。例如，当克歇尔（E. T. Kocher）尝试着通过摘除甲状腺来治疗巴泽多氏病时，由于他把起着调节钙代谢作用的甲状旁腺一起摘除而引起了患者手足抽搐、痉挛。这种过分的甲状腺摘除术产生了一种综合征，即"甲状腺缺失性恶病质"，它与碘缺乏引起的痴呆症状及黏液性水肿有着极其明显的相似之处。由此便得出了一个结论：内分泌腺构成一个系统，系统中的所有器官之间均相互影响。每种向血液中分泌物质的内分泌腺体都对整个机体起着特定的作用，诸如代谢作用、发育作用、行为作用等等。这种分泌物被称作激素，两种激素的作用可能是完全对立的，即"对抗作用"，这一点与两块肌肉的协调作用可以使关节产生某种运动是一样的。只要激素保持平衡状态，人们就不会注意到内分泌腺系统是由一个个特有功能器官组成的。但是，一旦内分泌失衡，就会使整个机体偏离"额定值"（又称"理论值"），人就会生病。甲状腺激素多一点就会引起甲亢，少一点则会引起甲减。

在关于何种方式最适合用来研究人类所有驱力系统这个方面，内分泌系统及其研究历程给了我们极有价值的启示。当然，整个驱力系统的构成是非常错综复杂的，内分泌系统只是其中的一个子系统而已。人类拥有极多独立的驱力源，其中有许多可归因于"本能"。把人类描述成"本能退化的生物"是错误的，而这样的错误我也曾犯过。毫无疑问，在种族史不断向前发展的进程中，随着人类的学习能力和判断能力不断进步，那些原本紧密完整的人类固有行为模式链有可能从这个意义上就"消失"了，即这个链条的各个环节之间失去了必要的连接，从而导致这些行为动作以各自独立的方式供行为主体使用，正如雷豪森（P. Leyhausen）以猫科动物为例所作的令人信服的阐述一样。然而与此同时，正如雷豪森所指出的，这些固有行为中的每一个都通过发展自己特有的本能行为，变成了独立的驱动力。毫无疑问，人类缺少那些长长的、必须相互连接的本能动作链，但是根据对高度进化的哺乳动物的研究所取得的经验可以推测，人类所拥有的本能驱力比动物更多而不是少。所以，当我们在做任何与系统分析有关的研究或试验时，都必须考虑到这一点。

而这在对某种病理性失常行为进行鉴定时尤为重要。著名的精神病学家罗纳德·哈格里夫斯（Ronald Hargreaves）在写给我的信中就曾提到，每当遇到精神紊乱的病例，他都会同时提出两个问题。第一个问题：在该病例中，什么是正常的本能行为；第二个问题：这种失常属于哪种类型，尤其要注意这种失常是否是由于部分器官的机能亢进或机能不全引起的。由于一个复杂的有机体的器官之间存在着非常密切的相互作用，所以要确定它们之间的功能界限是很困难的，也无法很清楚地对子系统的结构下定义。从这一点上，就可以理解保罗·魏斯（Paul Weiss）在其杰作《决定论》一书中关于子系统的阐述了："一个系统是所有组成部分高度统一的结果。"

人类的驱力也是如此，用普通人的话来说就是"恨"、"爱"、"友谊"、"忠诚"、"怀疑"、"愤怒"、"服从"、"信任"等等，这些词与科学家们所说的"侵略性"、"等级性"、"领土占有性"以及"攻击驱力"、"逃跑驱力"、"性驱力"等等并没有什么不同，都描述了"导致一个既定行为的内外部状态"。例如，我们可以把"感觉灵敏"这个普通人所用的词语与深刻的心理学联系起来，即从事动物观察的科学家所说的"直觉"。现在，我们先假设每个表示人类精神状态与欲求行为的名词都与某种驱力系统相吻合，而暂且不去考虑所涉及到的驱力中有哪些是先天的，哪些是后天习得的。我们可以假设，每种驱力都是一个轶序井然、运作和谐的系统中必不可少的组成部分。至于"恨"、"爱"、"信任"、"怀疑"等是好还是坏的问题，则如同问"甲状腺是好还是坏"一样愚蠢。众所周知，人类将"爱"、"信任"和"忠诚"这一类看作是好的，而"恨"、"不忠诚"、"怀疑"这一类则被视作是坏的。为什么会有这种看法呢？其根源是因为在我们的社会中，第一类缺乏，而第二类过剩。然而，过分溺爱会使无数前途无量的孩子堕落，过分地崇尚"尼伯龙根式的忠诚"也会招致恶果。艾瑞克·艾瑞克森（Erik Erikson）就曾以令人信服的论证说明了"怀疑"的必要性。

所有高度一体化的有机系统都具有一个共同的结构特征，即可以通过所谓的自我调节系统或是内环境动态平衡来进行调节。为了弄明白其机制，人们设想了一种控制结构，它由许多系统组成，系统之间彼此强化机能，即a系统促进b系统的作用，b系统促进c系统的作用，直到最后的z系统再对a系统起着一种强化作用。这样一个"正反馈"循环处于极不稳定的平衡状态中，只要其中某个子系统的作用增强一点点，就会导致整个系统的功能极度增强；同样，假如子系统的作用减少一点点，则会导致整个活动的终止。但是，正如技术上早已证明的那样，只要在该循环过程中引入一个起着调节作用的子系统，形成自我调节系统，即"负反馈"，就可以使这个不稳定系统变成一个稳定的系统。

在活跃的自然界中存在着无数的调节系统，它们对于维持生命起着不可或缺的作用，若非同时"发明"了这种调节系统，人们简直无法设想生命能够存在。在大自然中，人们几乎感觉不到"正反馈"循环的存在，或者说，至多会在那些稍纵即逝的事件中，譬如雪崩或燎原之火，才会觅到它的踪影。这一点不禁令人联想到人类社会生活中的一些病态行为，其危害可以套用席勒在其作品《钟之歌》中对火的威力的描写："放纵它，会多么可怕！"

调节系统的"负反馈"使得每个子系统的作用无法确定在一个精确的范围之内，微弱的机能亢进或机能减退可以很容易变得平衡。只有当某个器官的功能发生很大改变，使得内环境动态平衡无法维持，或者当自动控制机制本身出现问题时，才会导致整个系统出现危险。关于上述两种情况，我们将在后面章节通过实例加以说明。

◉ 注解

1. 行为科学

研究人类行为规律及其应用的综合学科。它的观点和行为主义心理学基本一致，主要包括心理学、社会学、社会心理学、生物学、社会生物学、人类学以及医学、教育和工商业中一切有关人类行为的领域。

行为科学的研究可分基础与应用两大方面。前者包括分析有关人类行为的事实，提出理论，进行验证并得出行为的规律性；后者则将研究所得应用于教育、医疗、工商业、人事以至国家与国际问题上。行为科学的研究方法同其他科学一样，包括实验、观察、个案、统计分析及建立模式与理论等，其领域与方法范围极广，比如一方面，心理学家可以应用生物化学及行为技术，研究行为的脑机制；而另一方面，社会学家与人类学家则可以研究制度与文化。

行为科学是美国学术领域发展的产物，产生于解决行为问题中有关学科交流与协作的需要。20世纪30年代美国已有人开展此类工作，还有人提出建立行为科学的设想。但作为一门成熟的科学门类，则始于20世纪40年代末，流行于50年代初。

2. 种系发生

指动物心理的发生和人类心理（意识）的起源。一切物质都具有反应属性。有生命物质的生物体的反应形式，如植物和单细胞动物的感应性，这还不能称为心理，只是心理现象产生的直接前提。动物的心理萌芽于心理反应的最低级形式，即感受性。感受性不仅指动物有机体对具有直接生物学意义的外界刺激能引起反应，而且对动物有机体没有直接生物学意义的信号刺激也能发生反应。在感受性长期发展的基础上出现了感觉，它的出现与动物的神经系统是分不开的。由单细胞动物发展到多细胞动物，开始出现了神经系统，腔肠动物的网状神经系统发展到环节动物的梯状神经系统，都是产生感觉的物质基础。动物心理是从感觉出现开始的，动物和动物心理长期演化，出现了人类和人的心理，人的心理即意识。拉巴克和达尔文的进化论认为，高等动物起源于低等动物，人类是从某种猿类演变而来的，劳动是从猿到人的转变过程中的决定性因素。而随着人类的出现，也就产生了人类的意识。劳动和语言是产生意识的主要动力，人脑是物质基础，社会生活是客观源泉。没有这几方面的条件，动物心理不可能演化为人类意识。

3. 个体发生

指个体生命、个体心理和自我意识的发生。个体生命是从父体精子细胞钻入母体的卵壁使之受精而开始的。它受到遗传和变异规律的严格制约。在一次交配中，精子染色体与卵子染色体结合成一个单个的受精卵（合子）。如果X精子与卵子相结合，生下来就是女孩；Y精子与卵子相结合，生下来就是男孩。胎儿并不具有心理现象，个体心理的发生，跟儿童在社会生活和教育条件影响下神经系统及其反应外界刺激的机能分不开。新生儿最初主要依靠由皮下中枢实现的无条件反射（如食物反射、防御反射、抓握反射等）来保证他的内部器官和外部条件的适应。个体心理的发生是与在无条件反射基础上形成的条件反射相联系的。根据研究材料表明，新生儿条件反射的产生一般出现在儿童出生后两周左右。个体心理的发生在时间上有先有后。有些心理出现于乳儿期（出生到1岁），例如感觉、知觉、注意力、记忆、情绪、意志等；有些心理则萌芽于婴儿期（1岁到3岁），如想象、思维、个性特征等。儿童自我意识的产生使个体心理发生了质的变化。一些心理学家认为，一周岁末的儿童，开始能把自己的动作和动作的对象区分开来，这时才能称是自我意识的最初表现。儿童个性特征的萌芽，初步的道德判断和道德行为的出现则是与自我意识形成相适应的。

4. 基因突变

就是一个基因变为它的等位基因。基因突变是染色体上一个位点上的遗传物质的变化，所以也称作点突变（point mutation）。是用一般细胞学方法无法观察到的基因结构的改变（如DNA分子中的一些碱基被另一些碱基所取代等情况）。突变可以自然发生或用人工方法引起（如辐射、高温、某些化学物质等因素）。基因突变可以引起机体内酶和蛋白质的变化，并产生机体生理上和行为上的改变。有人提出，在生物的进化和行为的发展过程中，突变起着重要的作用。

5. 适应

即机体对环境的顺应。适应的过程中，机体对环境因素的感受和环境对机体的不利影响会减小，例如"入鲍鱼之肆，久而不闻其臭"，便是一种嗅觉适应现象。适应可以是暂时现象，也可以带有持久性。持久性的适应多数伴有机体内部的某些生理变化甚至组织上的变化，这种适应在特殊环境医学中被称作习服。习服这个概念，在心理学中同样适用。

6. 目的论

美国新行为主义心理学家托尔曼提出的目的行为主义的理论。它以和刺激条件相互作用的目的作为行为的决定性因素。

7. 专门行为

比较心理学和行为学术语。指在相似或相同条件下，同一种动物大多数成员所表现出来的行为模式。这种行为模式复杂而又刻板，不是动物后天习得的，且有时没有先例可供学习，因此被认为是先天的、带有本能性质的。

8. 系统

指有共同目标并经常相互作用或相互依存的若干单元组

成的一个有机统一整体。系统内的各单元，既服务于同一目的，又有不同的功能和分工。它们分别完成总目标中的某一部分，又共同保证总目标的实现，既有区别，又有密切的内在联系，既互相独立又彼此依赖，形成一个统一的整体。系统所包括的范围可大可小，大至整个宇宙，小至一个分子结构，既可以是无生命的系统，也可以是有生命的系统，还可以是有生命和无生命相结合的系统。人类社会中，整个社会是一个系统，一个国家也是一个系统。

9. 驱力

指由内部或外部刺激唤起的并能引向某一目标的有机体的内部状态。在达到目标的过程中，内驱力逐渐减弱，同时引向目标的行为不断加强。以食物为例，饥饿是一种内驱力，引起求食行为，而摄取食物使内驱力减弱。赫尔（C. L. Hull）认为，内驱力有原始内驱力和继起内驱力两种。原始内驱力由生理需求相伴随，并和有机体的生存有直接关系，继起内驱力是基于原始内驱力发展起来的。

10. 本能

由遗传而来的，不学就会的能力。它为一切具有神经系统的动物所共有，是在种族适应生活条件过程中逐渐形成和巩固的无条件反射，是个体适应环境的一种最初形式。基本的本能有：食物本能、防御本能、性本能、哺育本能等。除初生婴儿外，人类没有纯粹的本能。

11. 直觉

直觉是与地点、时间感相结合的专注而迅速的思考，以及不经过逻辑推理而敏感地、直接地臆测到某种真理性认识的能力。它具有直接性、理智性、快速性和对直觉成果的正确性的坚信感等特征。通常表现为对感知的事物一瞬间作出直接的确定与评价，或对任务的直接解决，以及有时作家、艺术家想创作某种形象时，仿佛违背自己意志般得到另一种形象等等。

12. 体内平衡

坎宁（W. B. Cannon）在1926年首创的概念。他认为，有机体的各种生理系统经常维持在某种适当的平衡状态上，当生理系统偏离此平衡状态时，有机体即产生生理和行为反应，偏离状态减低时，有机体又会重新恢复平衡。这种通过自我调节机制保持身体稳定状态的过程，称为体内平衡。

13. 调节

皮亚杰从生物学、物理学及控制论中借用了调节与自动调节这类概念来说明有机体在生长过程中对环境的适应过程。他认为，主体对环境的适应是通过主客体的相互作用以及主体的自动调节或自我调节（即主体不断的内部协调）来实现的。这个过程是积极主动的，而不是消极被动的，并且是连续不断的。通过自动调节，主体的认识逐步由不平衡达到平衡状态，形成主体自身的认知结构。主体的调节不仅包含逻辑实证论者所讲的归因于单纯的"语言"作用，而更重要的是运算的协调，即数理逻辑的协调，这一点正是皮亚杰理论不同于前人的地方。

14. 反馈

在自动调节过程中，由受控部分送回到控制中枢的信息称为反馈，这种联系则称为反馈联系。人和动物体内的效应器官中，大都有各种接收器，如骨骼肌中有肌梭来接收肌肉紧张力的变化，产生的神经冲动送回到中枢神经系统的有关部位，以便更准确有效地控制肌肉的活动。反馈联系可以分为正反馈和负反馈两类。反馈信息的效果是抑制控制中枢的活动，称为负反馈；反馈信息的效果是加强控制中枢的活动，称为正反馈。在人体内，负反馈联系是大量的，负反馈能使体内的某些机能活动维持在一定的水平上，保持着相对稳定的状态。例如，下丘脑发出信息，通过垂体促使性腺分泌性激素，而血液中性激素水平的增加又会反过来抑制下丘脑和垂体发出有关的信息，以保持体内性激素的相对稳定。正反馈主要见于迅速达到某种状态的过程，例如血液的凝固等。

第二章

人口爆炸

罗马俱乐部一份名为"增长的极限"的报告，对当代西方所热衷的"增长文化"进行了尖锐的批判。人口爆炸，现已成为全球性的危机。公元元年，世界人口仅有2.5亿。而20世纪末的人口统计已近60亿。人口与经济的快速增长以及人们对科学技术的崇拜与放纵，使全球不可再生资源和材料急剧消耗，导致经济资源紧张、环境污染、生存空间拥挤、人际关系衰竭以及犯罪率的升高。

背景知识

1971年，麻省理工学院的一个由丹尼斯·米都斯领导的17人小组向罗马俱乐部[①]提交了一份名为《增长的极限》的报告，对当代西方增长癖文化进行了批判。由于地球的能源、资源和容积有限，根据熵定律，人类社会的发展和增长必然有一定的限度。用倍增的速度去求得经济和社会的发展，注定会使地球在物质和能源方面达到极限，给人类带来毁灭性的灾难。

所谓熵定律就是热力学第二定律。热力学第一定律告诉我们能量是守恒的、不灭的，只能从一种形式转变到另一种形式。这是不是说，我们就可以高枕无忧地滥用那万世不竭

---

① 罗马俱乐部是一个研讨国际政治问题的全球智囊组织。——编者注

的物质和能源了呢？不幸的是热力学第二定律表明，能量只能不可逆转地沿着一个方向转化，即对人类来说是从可利用的状态转化到不可利用的状态，从有效转化到无效的状态。用加尔文的话来说，这种无效能量已"从人们那里不可挽回地失去了……尽管它并没有湮灭"。而物理学意义上的熵，就是这种不能再被转化作功的能量的总和。

熵定律的提出，无疑也是向鼓吹无止境经济增长的传统经济学提出了挑战。传统经济学有一个基本前提，或者说一个基本错觉，就是能源和物质是人们生产出的而不是发掘出的。事实上，能源和物资是一项资本，一项并不是人们生产出来的，而是地球所赋予的、不可替代的有限资本。由于人口与经济的快速增长以及人们对科学技术的崇拜和放纵，世界非再生的资源和物质材料的耗散在加速增大。

就人口而言，其增长速度是十分惊人的，在公元元年，世界人口大约只有2.5亿，只比现在美国的人口多一点点[①]。那以后的1 600年间，世界人口的增长十分缓慢，到1650年翻了一番，达5亿。此后，人口增长速度开始加快，至1850年，世界人口再翻一番，达10亿，1930年达20亿。在45年后的1975年，世界人口已经翻了一番，达40亿。照这样的速度发展下

---

① 截止到2010年，美国官方公布人口统计数据为约3.1亿。——编者注

去，必将出现人口爆炸，并由此导致能量需求与消费的急剧增长，如果不加以控制，必然会耗尽地球上的非再生资源。这里可以用凯巴布高原上的鹿为例来加以说明。凯巴布高原位于美国大峡谷北麓，大约有1 100平方英里①。1907年以前，这个地区的生态系统提供的植被生长快，更新亦快，足以为生长在这块土地上的大约4 000头鹿提供丰富的食物。而鹿的数量则由美洲狮、草原狼控制。1907年，亚利桑那州对捕杀这些食肉动物的人实行奖励措施。过了10至15年，这些食肉动物实际上已从这个地区消失了。由于没有捕食动物，鹿的数量也就迅速增加了，于是越来越多的鹿开始过度啃食植被。到1924年，鹿的数量达到了大约100 000头的高峰，在这种情况下，大部分植被由于鹿的过度啃食而被毁灭。结果，只过了两个冬天，就有大约60 000头鹿被饿死。在以后的若干年里，饥饿和疾病继续使鹿的数量锐减。由于过度啃食所导致的破坏，甚至在鹿的数量大大减少之后，大多数植被也未能恢复，以至到了今天，凯巴布的生态系统也没有完全恢复过来。

那么，人口增长的速度为什么会如此迅猛呢？我们知道，一个物种的"生物潜能"，即物种自身的繁殖能力是十分巨大的。例如，一对青蛙具有在一个季节内繁殖几百个

---

① 约合2 849平方千米。——编者注

后代的生物潜能，而每个后代又有再繁殖几百个后代的潜能。而在自然界，种群的数量之所以不出现"激增"，是因为"环境阻力"——天敌、竞争物种、有害的非生物因素等共同作用的结果。然而，由于自然界没有任何捕食者或竞争者敢于向人类表示出巨大的抗争，同时随着医学不断向前发展，许多曾经置人于死地的疾病也被征服了，可以说，疾病这类天然敌害已不再能够有效地控制人口发展了。生物潜能和环境阻力出现了极大的不平衡，其结果便是世界人口飞速增长，达到"人口爆炸"的境地。而且，为了维持日益增长的人口，自然生态系统正在一天天地被人类的住宅、农田以及其他供人类活动的场所取代。

人口爆炸已成为一个全球性的问题，近几十年人口数量的直线上升已经导致了世界经济资源的紧张、粮食的大量消耗、环境的严重污染等一系列严重后果。还有一个更为现实的问题就是，人口增长造成了人类居住、生活空间的拥挤。特别是在大城市中，拥挤已遍及人类存在的每一个角落：住房拥挤、工作环境拥挤、交通拥挤、医院拥挤、休闲场所拥挤等等。与拥挤问题密切相关的就是个人空间问题。人人都有领域意识，由于空间对生存十分重要，当可用空间低于要求，或者最少空间量受到侵犯时，人们就会对此作出反应。因此，拥挤容易诱发各种社会犯罪，据美国前司法部长克拉克的权威性发言称："在人口为25万以上的城市中，抢劫案为郊区的10倍，为农业区的35倍……在大城市发生的侵犯人身安全、强奸、盗窃案件的比例，要比郊区和农村地区高出1至3倍。"拥挤使人感到紧张、烦躁、脉搏加快、血压升高。拥挤使人的心理出现超负荷状态，于是就必须筛选作用于自己的外界刺激，只去注意那些对自己来说最主要的东西。而当心理负荷过大时，人们就会紧张、不安，或者干脆"关闭"他们的注意力。例如，因为高密度的居民每天要遇到成百上千个人，所以他们就通过保持表面的和短时间的关系来保存自己的心理能量，而尽量避免那些无关紧要的关系与交际。甚至同住在一个城市的朋友，也会"无事不登三宝殿"，很少凑到一起去闲聊。当看见一个醉汉躺在人行道上时，人们总是绕道而行，不肯搭手帮忙。甚至当有人处于生命的危急关头时，也没有人能挺身而出、见义勇为。这些现象，一方面说明了高密度、高拥挤的城市生活减弱了人与他人的道德和社会的联系。另一方面也证明了，城市生活过大的刺激量，使人们无暇再去顾及那些"事不关己"的刺激了。因此，城市居民一般不愿意纠缠到那些和自己没有特殊个人关系的人和事物中去。

一般来说，在单个有机体中几乎找不到一个"正反馈"

循环，只有把生命视作一个整体时才会发现"正反馈"循环已经变得毫无节制了。有机生命仿佛已经成为一面矗立在四处耗散的宇宙能量洪流中的罕见坝堰，它"吞噬"着负熵，抢夺能量、壮大自我，继而具备获取更多能量的能力。它攫取的能量越多，就繁殖得更快。它之所以还没有因为繁殖过密而导致崩溃与毁灭，一是因为无机界中概率法则的无情力量，使得生物的繁殖得以控制在一定的范围之内；二是由于在不同物种的生物内部产生了自我调节系统，其作用机制将在有关"人类生存空间遭到毁坏"一章中论及。我之所以把人类的过度繁殖作为第一个论题，也是因为后面章节中所论及的种种现象正是人口过密的恶果所致。

人类在认识自然、了解自然的过程中发展出许多天赋才能，工艺学、化学、医学等学科也在不断地向前发展，这一切似乎都有利于减轻人类的痛苦与灾难。然而，现在却正是它们在以可怕的、矛盾的方式使人类面临毁灭的危险。可以说，这种自我毁灭是其他生命系统几乎从不曾发生过的。而最可怕的是，在这种自我毁灭的过程中，人类所独具的、超越其他物种之上的一些高贵而独特的性状与能力正在消失、毁灭。

我们这些生活在人口高度密集的文明国度或者大都市中的人类已经丧失了普通的、发自内心且温暖无比的关爱之心了。也许，人们应该尝试去一个人口稀少的国家，去一个穿越好几公里的泥泞小道才能见到一个邻居的荒僻地带，做一次闯进门去的不速之客。那一刻，你才能感知，人类原本是多么好客而且博爱！这令我不禁想起自己的一次难忘经历。有一次，我邀请一对从事自然保护的美国夫妇吃饭，这对夫妇居住在美国威斯康星州一片孤寂的森林中，四周旷无一人。就在我们准备坐到桌旁共进晚餐的时候，门铃响了，我恼火地大声喊道："这次又是谁来了呀！"我的这种举止在我的客人看来，简直卑鄙、恶劣到令其震惊与厌恶的程度。对他们而言，不速之客的到来居然不被视作是"不亦乐乎"的事情，实在是骇人听闻！

　　拥挤不堪的摩登大都市中涌动着难以计数的人群，那一个个来来往往、匆匆忙忙的身影，那一张张变幻多端、模糊不清的面孔仿佛是魔术中的幻象，我们已无法从中辨出同胞的身影。我们的博爱已随着同胞数量的剧增以及居住得过近而稀释，仿佛再也难觅这人类之爱的痕迹了。要是谁还奢求这真诚而温暖的同胞之爱的话，就只有将自己的朋友浓缩到一个极小的数量——因为我们已不再具有那种爱所有人的本能了，尽管博爱是如此合乎伦理道德的要求。我们不得不进行选择，也就是说，我们不得不"直觉地"与其他那些原本可以成为我们朋友的人"保持一定距离"，"不要感情用事"已成为一些大都市居民的口头禅。然而，这种我们任何人都无法彻底摆脱的处世哲学已经带有一丝"非人性化"的气息了。这让人联想起美国种植园主们的行事方法，他们绝对"人性地"对待家里的黑人奴仆，而对待那些不与自己朝夕相处，而是在自己领地上干活的黑奴却至多像对待极具使用价值的家畜。如果这种人为设置的、阻碍人际交往的屏障继续存在下去，再加之后面章节中将论及的诸如情感淡漠化之类的现象，便会导致报刊杂志中屡屡出现的可怕现象——冷漠。人类越群体化，个人就越有必要"不要感情用事"。因此，正是在那些大都市中，抢劫、谋杀以及强奸会在光天化日之下，乃至极其繁华热闹的主干道上发生，却无一个"过客"对此加以制止。

众多人口拥挤在狭小的空间里，它不仅会间接地导致人际关系的衰竭，继而出现丧失人性的现象，也直接导致了侵犯行为的发生。从许多动物试验中可以得知，聚集过密会令物种内部的侵害行为增多。那些不曾做过战俘抑或不曾经历过群体暴力事件的人们根本无法判断，在这种情况下，一个人所感受到的精神刺激会达到何种程度！人们总是力求控制自我，力求每时每刻在与并不友善的同胞交往中表现出客气的、所谓友好的行为举止，而恰恰是在这种时候，人们的精神饱受痛苦与折磨。在大都市中随处可见的不友善事件的发生频率显然是与该地区人口密度成正比的。例如，在大型火车站或纽约的公共汽车上，这种不友好已经到了令人惊骇的程度。

人口爆炸对于后面章节中论及的、使人类这个物种出现衰亡征兆的种种弊端起着间接的作用。在我看来，那种所谓"环境决定论"的学说，认为通过改善社会环境便可产生不惧人口过密恶果的新新人类，只是极其危险的空想而已。

● 注解

1. 情感淡漠

也称情感缺乏。指对外界刺激缺乏相应的情感反应，面部表情淡漠，内心体验贫乏。这是木僵性抑郁症和精神分裂症的一种症状。

2. 种内侵犯行为

同一物种的动物之间发生的侵犯行为。一般不造成严重的伤害，常出现侵犯的（"统治"的）一方与被侵犯的（"服从"的）一方之间各种复杂的行为表现，不一定表现为格斗。因此在研究时，进行观察和定量都比种间侵犯行为要困难些。

3. 环境决定论

认为人类的身心特征、民族特性等人文现象受自然环境和气候条件的影响。这一理论片面地夸大了环境和教育在人的心理发展中的作用，否认遗传素质的作用，否认心理发展和成熟的规律性——年龄特征，否认人在心理发展中具有一定的主动性和自觉性。环境决定论者认为，新生儿是一张白纸，可以按照教育者的意愿任意地把他们培养成各种所需要的人才。美国行为主义心理学家华生（J. B. Watson）是这种理论的代表人物。他曾说："给我若干健康的婴儿，我可以用特殊的方法任意地加以改变，或者使他们成为医生、律师；或者使他们成为乞丐、盗贼……"现代科学发展证实了遗传基因在人的心理发展中的作用，证实了人的心理发展有其独特的规律性，遗传因素为人类心理发展提供生物前提，社会环境和教育必须在这基础上才能发挥作用，而对人类心理发展的最终水平起决定作用的还是社会环境和教育。

第三章

生存空间遭到破坏

　　"大自然是永不枯竭的"，这是一种流传极广的错误观点。生机盎然的大自然哺育了人类，而人类却以盲目而残忍的方式破坏着大自然，从而使其受到生态毁灭的威胁。生存空间的破坏，对大自然的疏远，将使文明人类出现美感丧失以及人种野蛮化。

背景知识

一切生态系统都具有三条基本原理：（1）养分循环；（2）依靠外界能源；（3）动植物之间的特殊关系，称为"生态系统结构"。因而"生态系统"可作如下定义：生态系统是一些生物的组合，这些生物按照使它们的组合永久存在的方式彼此相互作用并同时与它们的周围环境相互影响。这个定义体现了前一节叙述过的三条原理。只要使能量流动和养分循环的结构得以保持，生物组合本身就能永久存在。

另外，生态系统结构的永久存在是由组合中的每一种生物决定的，组合不是由静止的个体所表现，而是由不断繁衍的群体所表现的。每个繁衍中的种群为适应环境条件的逐渐变化都在发生遗传变异，随着种群遗传基础的变化，生态系统的整个结构也可能发生变化。因此生态系统都是动态的统一体，它们随时间而变化。

在生态系统这个定义的基础上，生态学（ecology）可以定义为研究生态系统的科学，或研究生物与生物之间以及生物与它们周围环境之间的任何一种或全部相互关系的科学。而生态学家（ecologist）就是研究这些相互关系的人。

每个生态系统都可以分成两部分：（1）无生命的成分，即非生物（abiotic）；（2）有生命的成分，即生物（biotic）。组成有生命部分的生物根据它们在生态系统中所起的作用又可分成三种类型：（a）生产者（producer），即利用光能把周围环境中的无机（非生物）养分制造成有机物质的绿色植物；（b）消费者（consumer），即直接以绿色植物为食物，或通过食物链间接以绿色植物为生的所有动物；（c）分解者（decomposer），即使有机物腐烂，或把有机废物分解、破坏并使养分回到周围环境中去的细菌和真菌。我们可以简要地设想出养分从周围环境到生产者，从生产者到消费者，从消费者到分解者，再从分解者回到非生物环境中去的循环。与此同时，光能流入生产者，接着到消费者，然后到分解者，最后流出生态系统。生产者、消费者和分解者之间的这些主要联系构成了使生态系统能够继续发挥作用的基本结构。

生态系统的平衡是相对的。实际上，生态系统一直在变化着和调整着。在一些时候，某一物种的数量可能增加，而在另一些时候，它们又可能减少，并被其他物种所取代。在某些情况下，变化可能较快，仅持续几年时间；而在另外一些情况下，变化可能很缓慢，要持续几千年，甚至几百万年。平衡的相对程度是决定变化速度的关键因素。在人类直接经历的过程中，一个平衡较好的系统变化很慢，或许非常微小。一个不平衡的系统，其变化或多或少要快一些；不平衡的程度越大，变化的速度就越大。由此可见，如果变化是由一个或多个影响平衡的因素造成的，则生态系统也将相应地变化。

从人类的观点来看，变化既可能是好事，也可能是坏事。因此，当我们与周围环境相互作用时，我们人类没有必要去阻止一切变化。说得确切一点，我们应该认识和了解引起生态系统平衡和不平衡的种种因素，以便我们能够维护我们希望保持的那些系统的平衡，或者使人们能够创造出我们期望的变化。

"大自然是永不枯竭的"，这是一种流传极广的错误说法。动物、植物和微生物这三类生物构成一个巨大的、互相牵制的体系，并与生态环境相适应。当然，一个区域的生态环境并非只是由那些无机部分组成，它一定也包括该区域所有有生命的机体，也就是说，居住在同一个生存空间的所有生物之间均相互适应。这个法则适用于所有生物，即便是在那些显而易见的"天敌"之间，诸如捕食动物与被捕食动物，饕餮者与被吞噬的弱者之间，也同样如此。经过进一步观察与研究则会发现，若从物种角度而非个体角度来看待这一现象，这些"天敌"的所作所为不仅不是相互伤害，甚至可以说它们的关系是一种休戚与共的利益共同体。因为，饕餮者对其赖以生存的食物有着近乎热切的渴望，希望这些美食——无论是动物还是植物——可以永存不衰，以便自己可以永享美味佳肴。而且，其食物种类越单一、越独特，这种渴望就越热切、越必要。在这种情况下，捕食动物绝不会做出灭绝作为自己食物的那些被捕食动物的事情的，因为在遇到最后一只被捕食动物之前，那最后一只捕食动物早已饿死了。如果某种被捕食动物的种群密度无法超过一定程度，那么以其为生的捕食动物便会灭绝，这一点与大多数捕鲸公司均以失败告终颇为相似。澳洲犬（Dingo）原本是一种家养狗，当它被运往澳大利亚，放归大自然野生化的时候，它绝不会将其赖以生存的食物彻底消灭，然而却很可能使两种体形庞大的有袋类食肉动物——袋狼（Thylacinus）以及袋獾（Sarcophi）不幸灭绝。这两种有袋类食肉动物"装备"着极其尖锐可怕的牙齿，在与澳洲犬的战斗中可谓常胜将军，然而，那过于原始蒙昧的脑袋以及极其低下的智商却使得它们很难将聪明的澳洲犬"抓捕归案"，因而它们需要比澳洲犬更大的猎获物密度。它们并非是被澳洲犬咬死，而是因为抢夺食物与"同胞"战斗而死，或是活活被饿死。

　　一种动物的繁殖数量很少会直接受到其现有食物的数量所限制。这也许是因为这既不符合"食者"的利益，也不符合"被食者"的"经济观点"。对于一个靠水为生的捕鱼人而言，最聪明的做法是让水中始终拥有一定数量的种鱼，使其得以抚育的子孙后代数量足以弥补被捕捞的鱼量。当然，这个捕鱼的"最佳值"只有通过极其复杂的运算才可以得出。如果捕鱼量过小，则水域中的鱼数过多，无法孵育很多的小鱼；如果捕鱼量过大，又会使水中的种鱼太少，孵育的小鱼数量达不到该水域所能承受的量值，白白浪费了天然资源。正如生物学家温尼－爱德华兹（V. C. Wynne-Edwards）曾说过的，许多动物物种都"实行"与此类似的经济法则。除了可以通过确定领土界线来限制种群密度，避免聚集过密之外，还可以通过其他各种各样的行为模式来阻止生物对其赖以生存的自然资源过度地开发利用。

　　被食物种可以从其天敌那儿得到极其明显的好处，这种事情并不鲜见。例如，被捕食动物或植物的繁殖数量受到了"消费者"的消费数量所调控。假如消费者这个因素消失了，那么生态系统的平衡状态便会出现混乱。例如，有些啮齿目动物由于环境阻力减小导致繁殖过度，种群密度过高，最终直接导致了整个群体的毁灭。由此可见，"种群过密"对于物种保存造成的危害，比起通过一般性的物种维护方法，比如通过天敌来自然消耗多余的物种数量，当然要大得多。因此，捕食者与被捕食者，饕餮者与猎物之间的共生共栖现象会永远继续下去。举个有趣的例子，许多禾本科的构造仿佛是经过特别设计的，以便可以不断地被蹄类动物吞吃与践踏，并由此避免因生长过密而造成物种毁灭。这一点也是我们人类在种植人工草坪时应当仿效的，即需要不断地进行刈草和辗压。如果不这样做的话，草与草之间便会立即互相排斥、抑制彼此的生长，而这又是其无法承受的。当然，从另外一个角度讲，它们也许可以通过这种自然选择而变得更具生存能力。总而言之，正如人类与家畜以及人工培植的植物之间的关系一样，两种生物物种之间可以保持一种与上述事例类似的相互依赖的关系。维持这种相互作用的法则与人类的经济学也十分相似，用生物学家的术语来说，这种关于相互作用的学说叫作"生态学"。然而，我们下面将要研究的一个经济学概念却与动植物生态学毫不相干，它就是"掠夺式开采"。

许多动物、植物和微生物共同栖身于同一个生存空间之中，构成了共生共栖或者说生物群落。在这种组织结构中的相互作用可谓五花八门、错综复杂。不同种类的生物之间的相互适应是随着时间的进程而慢慢形成的，这种适应的程度是与地质学而非人类历史相一致的。这些生物物种之间的相互适应形成了一种虽稳定但易受干扰的动态平衡状态。许多调节过程使得这种平衡状态可以免受气候等因素所造成的干扰。那些缓慢发生的变化，比如由于物种演变或者气候的渐进性变化等引起的变化，不会危及到一个生存空间的平衡。然而，突发性的作用或影响则会导致灾难性的后果，即使这种作用看起来十分微不足道。例如，将一个看起来完全无害的动物物种从一个生态系统带入另外一个生态系统可以导致整片土地遭到毁坏，成为荒野，在澳大利亚曾发生过的家兔事件就是一个例证。这种对群落环境生态平衡的侵犯是人类引起的。虽然从原则上来说，没有人类这种侵犯，也可能出现同样的后果，但概率要少一些。

人类与环境之间关系的变化，比所有其他物种都要快得多。这种变化是与人类在科技方面的进展成正比的，而科技进步的速度又不断地在以几何比例增长。因此，人类必然会造成其居住的生物群落发生极其剧烈的变化以及极其频繁的整体衰竭，而这个生物群落又恰恰是人类所赖以生存的。也许只有极少数"未开化的"原始部落尚属例外，例如南美洲某些生活在原始森林中的印第安人，他们以采集狩猎为生；再如生活在大洋洲某些岛屿上的居民，他们只从事少量的耕作，而主要靠采摘椰子果以及捕获海洋动物果腹。这种人类的生活方式对于其所在群落生态环境的影响与动物种群毫无差别，从理论上来讲这是一个可行的模式，可以使人类与其群落生态环境之间保持平衡，和平相处。另外一种方式则是，人类作为农民以及畜牧者去为自己创造一个新的、完全为了满足其需求而设置的生物群落，这种群落原则上可以具有与毫无人工痕迹、全天然形成的群落相同的持续生存能力。对于一些老式的耕作文化而言，这种方式是适合的。在那里，人类世世代代生存在同一片土地上，他们热爱土地并会根据其在实践中获得的正确丰富的生态学知识回馈土地。

因为农民清楚地知道，整个地球的生存基础并非取之不尽、用之不竭的，而这一点显然正是整个已经文明化了的人类忘却的。在美国，大片土地由于过度开采使用而受到侵蚀，由耕地变成了荒原；许多地域由于过度砍伐树木而喀斯特化，变成不毛之地；无数有益物种被灭绝……在发生了这种种悲剧之后，才逐渐引起了人们对生存空间的重新认识，然而这种认识出现的根源，主要是因为从事农业、捕鱼业乃至捕鲸业的工业化企业对于在商业、贸易方面受到的影响感到痛心而已，而绝非生存环境的重要性得到社会的普遍认可。

当今时代的快节奏生活使得人们在采取行动之前根本没有时间去进行调查与思索，于是，这些自以为是的人们依然对其"作为"十分骄傲，而不曾想过自己的所作所为对大自然乃至人类自身犯下了罪行。现在，到处都在使用化学制剂，而在药物使用方面也同样目光短浅。免疫生物学家已经多次对常用药的滥用提出了异议。在本书第四章将论及的"必须快速占有"这一心理使得一些化工部门的所作所为简直轻率到了近乎犯罪的地步。在推销某种药物时，他们完全不考虑长期滥用这种药物可能带来的后果。对于关系到农业生态前景等方面的大事也存在着一种简直令人难以置信的毫无顾忌性，而那些反对滥用有害物质的告诫者则被诽谤成极其卑鄙的小人且想方设法封住其口。

生机盎然的大自然哺育了人类，而文明人类却以盲目而残忍的方式毁坏着大自然，从而使其受到生态毁灭的威胁。也许只有当人类感受到这种毁灭所带来的经济上的不良后果时，才会意识到自己的错误，然而，到那个时候一切都为时过晚了。但他们至少可以察觉到在这个野蛮的破坏过程中，人类的灵魂受到了怎样的损害。那种与大自然的疏远、异化现象不仅普遍存在，而且正在迅速蔓延。可以说，文明人类之所以出现美感丧失以及人种野蛮化，对大自然的疏远和排斥是一个相当重要的因素。试想一下，如果当我们人类的后代环顾四周时，目光所及的一切均是人类留下的拙劣、丑陋的痕迹，又怎能会令他们产生崇敬的心情呢？单是城市居民们那投向繁星密布的穹苍的一瞥，已因高楼大厦以及污染严重的大气层的遮盖而不能如愿。我们可以看到，伴随人类文明进程已经出现了对城市与土地的种种令人遗憾的损害。让我们睁大眼睛来比较一下某个德国城市的老商业中心与其摩登的城市外围吧；或者将这种以迅猛的速度侵蚀着城乡的丑陋文化与尚未受其损害的乡村作一下对比。然后，再将任意一个普通的身体组织切片与一个患恶性肿瘤的组织切片作一下对比，人们将会发现其间有着惊人的相似之处！然后再经过客观的观察，并且将人类对美的感觉用实实在在的真实数字来表达，就会发现，两组对比物之间的区别主要都是由于"信息遗失"而造成的。

恶性肿瘤的细胞与普通细胞之间的区别主要在于它丢失了必要的基因信息，无法作为有用的组成部分在这个身体的利益组合中起到应有的作用。因此它的行为就像一个单细胞，或者更确切地说，像一个幼稚的胚细胞。它缺乏独特的组织结构并且毫无节制地、肆无忌惮地分裂，使得肿瘤组织向原本健康的邻组织进行浸润性扩散和破坏。市郊图片与肿瘤图片有着显而易见的相似之处。在传统的城市中心，建筑物风格迥异、错落有致，楼群相互衬托、十分协调，健康的身体组织也同样如此，这些都应归功于遗传信息的存在。而在遭到肿瘤细胞侵袭或者现代工业毁坏的图片中，只有少数极其简化的结构形式。如果我们观察一下肿瘤细胞的组织切片，就会发现其构造极其单调并且形态完全一致，这一点与从空中拍摄的现代化市郊的图片有着惊人的相似之处。这些郊区的建筑物式样也是极其单调统一，缺乏艺术风格。这种现象的出现是因为那些急功近利的设计师与建筑开发商尚未经过认真考量便盲目地将建筑物投向市场，以期在以速度决定胜负的竞争中分得一杯羹。在下一章节中，我将谈及人类为了赶上日新月异的科技发展步伐，不断地逼迫自己与自己"赛跑"，而这一点也对住宅建筑起到了毁灭性的负面作用。为了获得更大的商业利润，建筑材料的生产商不断追求批量化、低成本化，再加之崇尚平均主义的风气，使得那些所谓文明国度的城市郊区出现了成千上万的火柴盒式的居民区，那些房屋的式样单调统一，只有通过门牌号码才能有所区分，简直不配得到"家"这个称呼，因为它们至多只能算得上是供"有用人类"使用的一排排厩棚而已（"有用人类"乃是我根据"有用动物"创造的一个新词）。

　　在厩棚里饲养来亨鸡[①]被视作是对动物的一种虐待，一

[①]　来亨鸡是原产于意大利来亨港的一个著名卵用鸡品种。——编者注

种文化耻辱，而同样的事情发生在人类身上却被认为是理所应当，尽管恰恰是人类创造了"虐待动物"这个词，赋予其不人道的含义并视其为无法容忍的行为。这实在是一种绝妙的讽刺。我们知道，蚂蚁之类的昆虫都有着明确的分工，个体摒弃"个性"有利于物种保存，然而，人类不同于蚂蚁，从种系发生的角度而言，也不要求他们放弃"个性"，放弃对美的特殊感受。倘若我们仔细观察一下野外公园内的那些千姿百态的休闲小屋，就一定能感受到人类的内心充满着对个性风格的渴望与追求，并且这种追求带来的结果是如此美妙而又令人震撼。然而可怜的是，那些住在"厩棚"里的"有用人类"唯一可以用来维护其自尊的途径只是：我终于经受住了考验，可以将许多同种难友们的存在从自己的意识中排除出去，并坚持与"邻"隔绝，超然"邻"外！许多火柴盒式的居民楼都在相邻两家的阳台中间插进隔墙来遮住彼此的视线。人们不能也不想"穿越篱笆"与邻居建立某种社交联系，因为人们非常担心会因此被别人看穿自己不好的一面。而这种人为的隔绝也导致了心灵的孤寂以及邻里关系的冷漠。人类的审美观与伦理道德观之间显然也有着非常紧密的相互关联。不得不在上述种种恶劣条件下挣扎生存的人类在这两点上也都出现了退化的现象。然而，要维持人类的身心健康，大自然的美与人类创造的文化环境之美无疑是缺一不可的。在当今社会中，这种对一切美好事物的极端漠视现象随处可见，并且正以迅猛的速度蔓延。这种彻底的"精神盲"是一种精神疾病，随之而来的便是对于种族中卑劣行径的麻木不仁和无动于衷，因此必须严肃认真地对待。

修路筑道、建站建厂都可能会对一个区域的整体美观造成永久性毁坏，而对于那些制定决策的人而言，这一切都无关紧要，他们完全不会去考虑什么美感。一些区镇为了使其地盘内那些位于森林边缘的地皮拥有更高的售价，不惜设法开辟道路直通村边。于是，那些原本蜿蜒流过村庄的可爱小溪被"埋进"了冰冷的水管，变成一个没有生命的钢铁之身；而那美丽无比的乡村小径也成了丑陋的柏油大道。不能为了维护大自然的美而牺牲经济上的或者政治上的要求与利益——在这一点上，从小乡镇的地方官到政府当局的财政部长，都有着一致的共识。而那些自然保护主义者以及科学家虽然预见到了即将降临的人类灭种之灾，却因人轻言微而无人重视。

● 注解

1. 生态环境

指生物能够维持生命活动的环境条件。这里所称的环境是指生物体外活动，因此生态环境主要指生物个体、群体、群落、社会等环境条件。人类生命活动所涉及的环境条件也是生态环境的一种，可以说是人类生态环境。它对人的生理心理活动必然具有重要影响。

2. 种群密度

每个单位面积内的个体数。

3. 生态系统

生态系统是一些生物的组合。这些生物按照使它们的组合永久存在的方式彼此相互作用并同时与它们的周围环境相互影响。生态系统都是动态的统一体，并随着时间而变化，处于一种动态的平衡状态。

4. 环境阻力

环境阻力是限制一个物种成员生存的全部因素的统称。这些因素对于植物和动物都是类似的，包括食物或养分的缺乏、水的缺乏、物种对环境的不适应、气候条件对捕食动物的不利、病虫害、寄生物及竞争同一环境的其他生物等等。

5. 共生

物种之间的相互作用形式多样，其中相互得益的相互作用称作共生。

6. 生物群落

任何或多或少性质截然不同的植物和动物的组合与它的周围环境，都可以被看作是独立的生态系统，它可以是一个较小的系统，如池塘、小河、森林、田野、沼泽或沙丘；也可以是一个很大的广义的类型，如北极苔原、针叶林、落叶林、草原、高原或荒漠。这些大的系统称为生物群落。

7. 家兔事件

1859年，为了打猎需要，野兔被从英格兰引进到澳大利亚。澳大利亚的环境特别适合野兔生长，于是野兔的数量迅速增加，繁殖的数目超过了猎人能够捕获的数量，过量的野兔通过过度啃食植被不断破坏广阔的草地，造成了极大的危害。

8. 美感

指人对美的体验。它是根据美的需要，按照个人所掌握的审美标准，对客观事物进行评价时所产生的情感。它具有两个特点：（1）愉悦的体验，即使悲剧使人悲哀，但依然可以享受到美的愉悦；（2）倾向性的体验，人对美好事物的欢喜，促使人一再去欣赏它，对它迷恋；对丑的事物产生强烈的反感。美感具有强烈的社会性、阶级性特征，但在对自然景观和艺术作品的欣赏上，也会表现出共同的美感。

9. 有用动物

即可食动物。

第四章

与自己赛跑

随着科技的进步，人口的膨胀，自然资源的短缺，人类物种内部的竞争也日趋激烈。金钱不再是一种工具，而成为了人类追逐的目标。恐惧性忙碌和忙碌的恐惧正在剥夺人类最根本的特性。种内竞争压力和对速度的盲目追求，无时无刻不在迫使人类"自残"。恐惧——这种人类健康的天敌，80%的身心疾患与此有关，使得人们必须以喧闹的娱乐抑制内心的不安，逃避每一个独立思考与反省的机会。

背景知识

"一切生物都暴露在剧烈的竞争之中"，因为一切生物都有高速增长的倾向，所以生存竞争是必然的结果。而最剧烈的竞争，差不多总是发生在同种的个体之间，因为它们居住在同一地域，需要同样的食料，遭受同样的威胁。而对于雌雄异体的动物而言，大多数情况则是雄性之间为了占有雌性而竞争，例如鸟类。

几乎所有的雄性鸟类都极其好斗，它们用啄、翅和腿互相争斗。而鹑鸡类的雄者，每当繁殖季节一到，便会发生猛烈的冲突。松鸡和雄黑松鸡都是一雄多雌的奉行者，它们有约好的固定地点，群集于此，进行战斗并向雌鸡献媚达数周之久。如果到松鸡相斗过的场所看一下，就会发现，那里的雪几乎全被血染红。当几只雄黑松鸡"进行一场大战之后"，会弄得羽毛四处飞扬。在德国，把雄黑松鸡求偶的歌舞称为巴尔兹（balz），老布雷姆对此有过生动的记载："这种鸟几乎连续地发出最奇怪的叫声，它高举其尾，展开为扇，昂起头和颈，所有羽毛全部竖起，并展其双翅，然后朝不同的方向跳跃几步，有时是绕圈跳跃，并用其喙的下部抵住地面，而且抵得如此用劲，以致额部羽毛纷纷被磨掉。在做这些动作时，它拍击双翅，转了一圈又一圈。它的热情越高，就变得越活泼，直到最后这种鸟看来就像一个疯狂的动物。"在这样的时候，雄黑松鸡是如此全神贯注，以至于几乎什么也看不见，什么也听不到。

那么，鸟类的这种行为特征可以给我们怎样的启示呢？关于这一点，海因洛特（洛伦茨的导师）有一个高见，即现代人类对工作速度的追求也同样愚蠢。随着科技的进步，人口的膨胀，自然资源的日益短缺，人类这个物种内部的竞争也日趋激烈。金钱不再是一个工具，而成为了追逐的目标；时间被等同于某种价值，促使人们对"速度"盲目地追求；恐惧——这种人类健康的天敌，则无时无刻不在迫使人类"自残"。忙忙碌碌的人类已失去了最根本的物种特性，人们热衷于喧闹，想方设法回避一切"反省"的机会，这一切都是竞争带来的恶果。

压力给人类的身心带来了疾患。有人提出，80%的现代心理疾病与社会因素有关。对于二者的关系，加拿大科学家曾提出了"应激理论"来作解释。

身心疾病的范围相当广。例如消化系统的溃疡、呼吸系统的支气管哮喘、心血管系统的高血压、心脏病以及糖尿病、皮肤病、性功能障碍、关节炎等。它主要是来自两个方面：一方面是来自外界环境对个体不利的生活事件、压力和不良刺激，例如过分紧张的工作、不顺心的事情、污染、噪音、拥挤；另一方面就是人自身的体质和心理状况。紧张是产生身心疾病的一个重要因素，但这个紧张是指不适宜的超出人的心理承受能力的紧张。而追求自我发展需要的适度紧张，不但不会损害身体，反而是保持身心健康的必要条件。适度的紧张也可使人的心理承受能力不断提高。正像适度的体育锻炼可以使肌肉发达一样。过分的悠闲、无目标、无所事事和过度的紧张一样都是有害的。

现在身心医学研究认为那些更刻苦、更渴望成名、更能抑制自己疲乏感的人，患心脏病的可能性较其他人更高。

保持人的身心健康，还必须有乐观的生活态度和完整的人格。那些具有乐观生活态度、健全人格的人，在生活中能够经常保持稳定的情绪和愉快、轻松的心情，而这又是保证整个神经系统、内脏系统、内分泌系统乃至整个机体稳定和健康的重要条件，从而对于保证身心健康也是必不可少的。

在第一章中我已经就下述两个问题进行了阐述与分析：第一，为了维护生命系统的稳定状态，调节系统——"负反馈"的作用是必不可少的；第二，正反馈的作用随时可能使得系统中某个环节的单个作用出现极度增强的危险。如果在同物种的个体之间出现竞争，并通过"自然选择"对其发展施加影响，那么就会出现一种特殊的正反馈现象。而且，与物种外部环境因素引起的正反馈现象相反，物种内部的选择会引起该物种遗传特征发生变化，而这种变化不仅不会使该物种的生存前景更加光明，反而在多数情况下会对其产生明显的不利影响。

我的导师奥斯卡·海因洛特（Oskar Heinroth）以雄锦雉的羽翼为例阐述了物种内部选择所产生的结果。当在交尾期来临的时候，这些雄禽便会如孔雀开屏一般向雌禽展开其尾部的羽毛。正如对孔雀的研究所得到的证实一样，对于野鸡这个物种而言，选择伴侣显然是雌禽的专利，雄禽是否有机会进行繁殖则与其生殖器官对雌禽产生的刺激强度有着相当直接的关系。但不同的是，孔雀的尾部会在飞行的时候自动折叠成流线形状，并且丝毫不会造成行动不便，而当雄禽伸展其羽毛的时候却几乎会失去飞翔能力。而它之所以还没有完全失去飞行能力，肯定也与"自然选择"有关：居住在地面的食肉动物进行了反向选择，并因此采取了必要的调节作用。

海因洛特经常以其一贯的直率风格宣称："除了雄性野鸡的翅膀之外，现代人类对工作速度的追求可谓是物种内部选择最愚蠢的产物。"这个见解在发表之初尚被视作一种特殊的预言，而在今天，其力度显然已不足以表达现状了。对于野鸡以及许多其他有着类似结构的动物而言，物种内部选择可能使该物种的发展越来越畸形，并最终导致灾难性后果，但环境因素可以阻止这种异常发展。然而，人类的文明进程却缺乏这样的有益调节力量。这是多么不幸，人类学会了控制物种外部环境的所有力量，却对自身了解过少，并因此不得不无奈地任由物种内部选择产生魔鬼般的作用却束手无策。

"人类是人类的天敌"——这句话如同海因洛特的著名预言一样只是一个"不充分的陈述"。人类是唯一可以对其物种的继续发展起决定作用的自然选择因素，然而遗憾的是，人类却不能像一个天敌一样起着完全无害的作用，这一点恰恰是最危险的。人类与人类之间的竞争与其他生物因素对人类的影响不同，它直接抑制了那种永远活跃、十分有益的创造力，并且还以其无情的魔鬼之拳摧毁了人类创造的所有有价值的东西，它的一切行动只受盲目的商业利益驱使。

在人与人之间相互竞争的压力下，不仅那些对人类群体有益的事物，甚至连那些对个人有用的事物都已经被完全忘却了。现在，对于大多数生活在重重压力下的人们而言，只有那些可以帮助自己超越同伴，使自己在无情的竞争中立于不败之地的事物才有价值。每种有助于达到这个目的的手段都被认定具有某种极其迷人的价值。功利主义——这种会导致自我毁灭的错误——混淆了工具与目的的区别。金钱原本是一种地道的工具，这一点通过日常用语就可以看出，比如人们常说："他有钱。"然而在今天，如果有人想说"钱是毫无价值的"，还有多少人会完全理解与赞同呢？"时间"这个词也同样如此，"时间就是金钱"这句话已足以表明，对于每个认为金钱有绝对价值的人而言，他们节省的每一秒钟都等同于某种价值。如果人们制造出一种新型飞机，使飞越大西洋的时间比迄今为止的所有飞机的飞行时间都要短一些，那么不会有人去反问：这种飞机是否需要更长的机场跑道，更快的起降速度及其由此增加的危险、更大的噪音危害等等，这一切又价值几许？在那些一切以价值为出发点的人看来，为了赢得半个小时的时间而牺牲点别的东西是不足为惜的。每个汽车制造商都在设法使新型汽车的速度可以比以前更快一点，于是每条街道都得拓宽，每个转弯处都得改建，这一切都被假托为所谓"增加安全系数"，而事实上却只是为了让人们开车时可以更快一点——也因此变得更加危险一点。

　　我们必须深刻反思，什么给人类带来的灵魂损害更大：是盲目的、失去理智的贪财还是折磨人的忙碌。所有政治当局的掌权者，都想促进这两方面（即金钱与速度）的进展，因而想方设法将每一种动机都调动起来驱使人们去竞争。据我所知，尚未有人对这些动机作过深入的心理分析。我认为，除了对财富或更高的身份地位抑或两者的拼命追求、贪得无厌之外，"恐惧"也可能是其中一个重要的、根本的原因。害怕在"竞争"中被别人超越，害怕变穷，害怕作出错误的决定，害怕不能或不再能够应付瞬息万变的形势与情况。可以肯定的是，无论是何种形式的害怕，它都是损害人类健康的最根本因素。"恐惧"使人们患上动脉硬化、高血压、心肌梗死等疾病。虽然，忙碌的人类所受到的诱惑不仅仅局限在财富上，还有其他种种诱惑的存在，但所有这些诱惑都尚不能促使人类作出如此严重的自我伤害，他是"被迫的"，而能够迫使他的则只有"恐惧"了。

　　恐惧性忙碌与忙碌的恐惧正在剥夺人类最根本的特性。其中之一便是"反射"或者说内省。正如我在拙作《学习的内在基础》（*Innate Bases of learning*）一书中所阐述的，在神秘莫测的人类形成过程中，"好奇"极有可能起着决定性作用。有一种生物，它天生对探索周边环境有着强烈的好奇心，某一天，它突然对自己也产生了好奇，于是便逐渐成为了人类。

　　这种自我发现是极其自然的事，是与生俱来的行为，绝对不需要通过对习以为常的事感到惊讶才能实现。除了被触摸与被抓住的外部世界的东西之外，用来摸索与把握东西的人类之手大概也被看作是一种外部世界的东西——这个事实的发现使人深思，它所产生的影响是划时代的。试想一下，如果一种生物对自我的存在尚不知晓，它又怎么能够在抽象思维、语言、良知以及伦理道德方面有所发展呢！假如一个人已经停止了反省，他便面临着失去所有人类特有的品性与成就的危险。

　　导致忙碌产生的恐惧所带来的最恶劣后果便是现代人类显然已无法独处——即便是很短的时间。他们忧心忡忡、小心谨慎地想方设法回避每一个独自思考与反省的机会，就好像害怕"反省"会带给他们一种极其可怕、极其丑恶的"自画像"，这一点与奥斯卡·王尔德（Oscar Wilde）在其经典的中长篇小说《道林·格雷的画像》（*The picture of Dorian Gray*）中所作的描述十分相似。饱受神经衰弱之苦的现代人类居然热衷于喧闹，而且这种嗜好居然还在到处蔓延，对于这种奇怪现象的唯一解释便是：必须以喧闹的娱乐抑制某种内心的不安。曾经有一次，我和夫人在森林中散步时，突然传来由远而近的收音机发出的嘈杂声，那是一个大约16岁的少年，他独自一人骑着自行车，在车篮里放着收音机。我的夫人说道："他害怕会听到小鸟的歌声。"我相信，他只是害怕静谧会使其"遭遇"认识自我的危险。为什么以前一向追求智力发展、善于思考的人类宁愿去看电视里播放的那些简直是在弱化大脑的广告节目也不愿与自己的社会、自己的同伴打交道呢？唯一合理的解释便是：因为电视有助于抑制反省。

人类忍受着精神与灵魂的负荷之苦，这些负荷是人类内部竞争所造成的。尽管从孩童时代起，人们就被灌输了这样的思想，将竞争所导致的那些疯狂的畸形产物或弊端视作是一种进步，然而恰恰是那些在竞争中成功的人士眼睛里露出的恐惧最强烈，恰恰是那最能干的、最能"跟上时代"的人士常常因为心肌梗死而英年早逝。

在前面章节中，我已经谈及了人口爆炸可能会给人类带来灭顶之灾，而现在看来，即使人们作出一个盲目乐观的假设，即地球人口不会按照今天的这种的速度继续增加下去，人们也必须认识到，单是这种人种内部在经济上的你追我赶已经足以使人类彻底毁灭。每种正反馈循环都或早或迟会导致灾难性的后果，而我正在讨论的事情中就包含许多正反馈循环。除了商业上的竞争迫使人类的工作节奏不断加快之外，在工作中还存在另外一种危险的循环过程，即会导致人的需求不断增多，关于这一点，帕卡（Vance Packard）曾在其许多著作中提及。出于可想而知的缘由，每个制造商都在想方设法地尽可能提高消费者对自己产品的需求。为了实现这种简直可以称作"卑鄙可耻"的目标，许多"科学的"研究机构还专门将"通过何种方式可以最好地实现这个目标"作为课题加以研究、探讨。由于那些在本书中论及的现象，大多数消费者愚蠢地听凭自己被那些通过民意测验、广告调研等方法精心炮制出的营销手段所操纵、控制。例如，人们买每支牙膏或每个刮胡刀片时，都得同时为其起广告作用的外包装付账。但却不曾有人对此提出抗议。现在，包装费用已经等同甚至超过物品的实际价值了。

产量及需求的反馈性提高所形成的恶性循环使得产品的外包装日趋奢侈豪华。如果任其发展下去，那些西方国家，尤其是美国，迟早会因为自己的国民不再具有与那些要求较少、生活方式更加健康的东方国家人民相抗衡的竞争能力而最终走向灭亡。从资本主义国家的统治者角度而言，依然坚持以前的那种行事方法，即通过提高"生活水准"来酬谢、回报消费者，并以此来"创造条件"，使其可以继续和他人进行"使人血压升高、筋疲力尽"的竞争。此外，这种奢华包装还会导致特殊的道德败坏现象，关于这一点，我们将在下个章节中探讨。

◉ 注解

反射

指机体在神经系统（主要是中枢神经系统）的参与下，对内外环境的刺激作出的有规律的应答活动。它是神经调节的基本活动形式。按照反射的出现是否要经过学习训练这一条件，可分为非条件反射和条件反射两大类；按照反射是出现在正常生理状态下还是病理状态下，可分为生理反射和病理反射；还可按照反射弧中接受器存在于机体部位的深浅，分为深反射和浅反射等等。

第五章

情感的死亡

　　追求快乐与避免不快是人类的本能，但随着科技的发展，人类对二者越来越趋向于过度追求。对"不快"的回避使人类精神脆弱，对"快乐"的过度追求又会使人类长期处于刺激情境之中，快乐的吸引力如果不断减弱，就会迫使人们不停地追寻新的更强烈的刺激。这种狂热的"嗜新症"，造成现代人类的情感死亡。

背景知识

　　长期以来，动物的行为被单纯地看成是一种反应，即对外部或内部感受刺激的反应，在生理学研究领域中尤其是这样。反应行为的最简单形式就是反射，反射以刺激-反应联系为特征。在相同条件下，对同一刺激的反应形式是相同的。这种反应的不变性，是由于构成反射的神经之间有着严密的解剖学联系，这些神经是传导相应神经冲动的，这种神经联系称为反射弧。反射弧开始部分是感受器，如感觉神经细胞或感觉器官，然后通过感觉的传入通路传向中枢神经系统，再经过运动神经元或传出通路抵达效应器。上述各部位均为反射弧的一部分，最简单的反射弧只包括一个传入和一个传出神经细胞，因此它们只有一个突触（单突触反射），但是多数的反射包含有大量的神经细胞和突触（多突触反射）。

在脊椎动物中，许多反射弧的神经中枢位于脊髓，只有少数到达脑。在脑部，它们以最简单的结构通入脑干的各个区域。因此，从这种意义上讲，反射是"不随意"的，因为它不受脑的高级中枢控制。人类由特异性反射所形成的反应，也是无意识的。然而，其释放刺激和反应的联系则有所不同。通常一种反射的反应方式有其先天的基础，这种先天的基础不受既往经验和特殊刺激的影响，这种类型的反射称为非条件反射。条件反射与非条件反射的不同点在于释放刺激的信息是获得的，换言之，刺激-反应的联系是由学习得到的。非条件反射包括许多保护性的反射（搔痒、擦拭和躲避反射；眨眼和缩瞳反射；喷嚏、咳嗽和呕吐反射）以及维持肌肉恒定长度（膝-腿反射）和控制平衡及姿势的反射。其中在行为学历史上起重要作用的一种非条件反射就是唾液反射。

条件反射主要是由俄国生理学家巴甫洛夫（I. Pavlov）研究的。他的研究工作是用狗的唾液反射来进行的，这种反应来源于食物刺激（味道、视觉信号）引起的非条件反射。假如在实验条件下，将食物与无关刺激（如灯光或铃声）相结合，经过多次结合之后，甚至没有食物刺激亦可引起唾液分泌。与非条件反射相似，这种刺激-反应的联系是相当严格的，即动物对适宜刺激的反应是固定的。在非条件反射中的最初刺激物，也就是外界刺激，称为非条件刺激。能继发释放反应的最初无关刺激即为条件刺激。

巴甫洛夫和他的继承者所进行的研究，对我们了解学习过程的本质作出了重大贡献，他推动了"反射学"的迅速发展。然而，长期以来人们错误地把动物行为仅仅看作是中枢神经系统反射活动的结果，对这一错误观点，"反射学"负有一定责任。但是，当时他们已认识到许多行为模式是由长而复杂的反射链所组成。直到30年代中期，埃里克·冯·霍尔斯特（Erich von Holst）和康拉德·洛伦茨通过实验观察发现，行为不仅是对刺激的反应，而且也存在着内在的自发起因。这一发现才把本能行为模式从反射的概念中解脱出来，并把自发性作为本能行为模式的前提。

1913年，美国心理学家华生在《心理学评论》杂志上发表了《行为主义者眼中的心理学》一文，进一步推广了巴甫洛夫等人的"刺激–反应"原理，认为人类行为也是外部条件作用的结果，是由后天的学习而得来的。这种后天行为学习有两条基本规律，即频因律与近因律。频因律指人的行为反应受某种刺激的次数越多，则对该反应越敏感，以致最终形成某种习惯性反应动作；近因律是指一个反应对一个刺激的时间上发生得越近，该反应对该刺激的重复发生之可能性越大。华生的学习原理对本世纪前半叶的行为研究影响极大，以至于西方大多数心理学家把他称为现代行为主义心理学的真正开创者。

然而，华生的理论留有许多尚待深入的问题，比如，他没有进一步探讨行为结果对行为的反作用。后来的一些新行为主义解答了这一问题。以斯金纳为代表的强化论者发现，行为结果对行为的连续发生具有明显的强化作用，由此提出了强化理论来充实原有的"刺激-反应"模式。所谓强化，即是反应行为之结果对该行为重复发生的影响或作用。这种强化既可使刺激与反应之间的联系得到加强，也可使之减弱甚至终止。强化论的主题便是研究反应行为的结果对反应行为及其刺激之间的联系所产生的影响，以及该影响的条件、方式、程度等等，以便为找到对该行为最适宜最严格的控制提供准确科学的依据。

斯金纳认为，"刺激-反应"的模式不能满足对人类行为的准确描述。事实上，人的行为有两类：一类是"和特定的引起反应的刺激相关联的行为"，他称之为"应答性行为"；另一类则是由环境或其他条件作用所引起的更为复杂的行为，他称之为"操作性行为"。前者的发生过程和条件相对简单些，可用"刺激-反应"模式描述之，而后者则复杂得多，它至少包括刺激、反应、强化三种因素。更重要的是，人的行为不仅受到环境条件的制约，而且也受到强化作用的影响。强化作用包括正强化、负强化和惩罚三种形式。若某行为能带来使行为者感到满足愉悦的结果（如物质、金钱、荣誉、赞扬、爱和尊敬等等），则该行为就会更倾向于重复或趋向该行为（或类似行为），此谓正强化。反之，若某行为会产生使行为不快或痛苦的效果（如缺乏、打击、责怪等等），则该行为也会倾向于重复该行为或类似行为，此谓负强化。惩罚则是正强化作用的否定方面。若某行为会产生使行为者痛苦或使其中止愉悦满足的效果，则该行为就会被避免或中止重复该行为或类似行为。（参见《现代西方伦理学史》）

那么，刺激与我们情感之间的关联又如何呢？"追求快乐"与"避免不快"是人类的本能，然而随着科技的发展，人类对二者的追求越来越趋向于过度。对"不快"的回避使人类精神脆弱，甚至连停几个小时电都会使人的精神面临崩溃；而对"快乐"的过度追求则使人类长期处于刺激情境之中，从而使快乐的吸引力不断减弱，必须不停地寻求新的更强烈的刺激。至于那些通过"对比"作用产生的快乐，如"艰苦的工作，快乐的假日"，几乎已消失殆尽，而这种快乐恰恰是至高无上的快乐，是无法通过"避免不快"得到的。"嗜新症"使人类毫无留念地抛弃一切——不只是物品，而且包括亲情，友情与故土。

对于所有那些具有传统的巴甫洛夫式"条件反射"能力的生物而言，这种反射过程是两种相反的刺激共同作用的结果。一种是强化刺激，它对正在进行的行为起加强作用；而一种则是"去条件化"，它减缓或完全制止某种行为。对于人类而言，第一种刺激会带来快感，而第二种刺激则总是与不快相连。我想，如果也简单地套用"奖励"与"惩罚"来描述高级动物的这两种感受，应该不会被扣上极端"拟人论"的帽子吧。

我们知道，学习过程是有机体的特有本性之一。它是中枢神经系统的一种突出的特性，是对环境进行适应的一种主要方式，脊椎动物尤其是这样；而且它也是人类的所有机能中的最高级机能——智力的一个基本方面。简单说来，学习是在经验中改变行为的过程；是由一组特殊环境条件所引起的、可以测量的而且持久的行为变化。那么为什么导致学习产生的装置，其系统发育展开的程序所涉及的是两种、而不是一种刺激作用呢？关于这个问题已经有一些不同的解释。其中最简单的一种解释就是，如果有机体能够不只是从成功或失败，而是从两方面同时得到有意义的经验教训的话，那么学习过程会产生双倍的效果。另外一个假说则是，如果可以使有机体避开某些不利的环境影响，并且使其处于最适宜的温度、光、湿度等环境条件下，那么可能仅有惩罚刺激的作用就足够了。事实上，我们也确实看到，"惩罚"这种方式常常可以激起有机体对最佳环境条件以及避免刺激——即克雷（Wallace Craig）所说的"嫌恶"——的渴求。相反，如果以非常特殊的行为方式来刺激动物，比如反复让它进入一个固定的、非常狭窄的地方，那么人们就会发觉，仅仅通过消极刺激很难能够使之就范，而通过酬报式刺激引诱它进入预设地点则要更容易一些。克雷曾指出，在进化的过程中，只要条件允许，这种通过的特殊刺激情境——如引起动物交配或进食的刺激情境——来对动物进行强化刺激的方式就会被采用。

在许多情况下，这种对"奖励"和"惩罚"双重原则的解释都是令人信服的。一旦"快乐-不快法则"，或者说，"欲望-厌恶法则"停止运转便会造成病理紊乱的后果，只有这时，该法则的另一种作用，也是最重要的作用才会被认识到。在医学以及生理学的发展历史中，常常会发生这种事情：一种不易发现的心理学机制只有通过其失常造成的后果才能显示出自己的存在。

行为方式的每种强化刺激物都通过一种使其刺激效果增强的酬报来促使有机物为了将来的快感而容忍目前的不快，或者更具体地说，对那种厌恶性刺激情境——由于学习过程没有进展而引起的厌恶感——不产生反应。为了获得诱人的战利品，一条狗或一只狼会去做许多平时不愿做的事情：例如在荆棘中奔跑，跳进冷水中，忍受那些确实令它们害怕的危险等等。显然，所有这些去条件反射机制所带来的物种保存结果就在于，它对强化刺激作用构成了一种平衡力量，并且使得有机物在追求酬报刺激情境的过程中免受牺牲，以及阻止其承担与预期利益不相称的危险。有机物不会为"不值得"的事情付出代价。例如，一只狼不能不考虑气候的影响就在极地冬季最寒冷的且有风暴的夜晚出去觅食，不会为了一餐饭而使自己去冒冻伤脚趾的风险。当然，在必须冒风险的情况下，它可以这么做。比如，当食肉动物快要饿死的时候，抑或是在为了生存下去而不得不孤注一掷的情况下。

那种彼此作用相反的"奖赏–惩罚"、"欲望–厌恶"法则实际上都是用来将所付出的代价与所得到的收益作衡量对比。由此可见，二者的强度会随着有机物经济状况的变化而发生波动。当食物绰绰有余时，食物的吸引力就会大大降低，甚至动物会觉得为了得到食物而向前挪几步都不值得，在这种时候，最微弱的嫌恶刺激已足以使其失去觅食的欲望。反之，对"欲望–厌恶法则"的适应能力也为有机物提供了可能性，使之在困境中可以为了生存而付出极高的代价。

对所有高级生物而言，对变化无常的"市场情况"能够作出适应性行为可谓生命攸关、极其重要。这种行为机制带有某种基本的生理特性，这些生理特性是行为组织与几乎所有同样复杂的神经感觉组织共同拥有的。首先，它屈服于那种人所共知的习惯过程或感觉适应过程。也就是说，如果反应阈限不同时（这是很重要的）转换到其他极其相似的刺激情境，那么每种多次连续产生影响的复合刺激将会逐渐失去其作用。其次，我们正在谈论的机制具有同样广为人知的反应惯性。例如，强烈的嫌恶而触发的刺激将之挤向一边，失去平衡，但突然间这种刺激停止了，这时，该系统并非以一种压低的曲线回到静止状态，而是首先越过静止状态并且将这种单纯的嫌恶停止作为巨大的快感记录下来。下面这则古老的奥地利农夫笑话可谓说到了点子上："今天我让我的狗高兴了一回：我先结结实实揍了它一顿，然后停了下来。"

"欲望–厌恶"结构的这两种生理特性与本文的关联十分密切，因为它们在现代文明人类的生存条件下有可能会导致"欲望–厌恶"结构发生危险的紊乱。在我谈及这些紊乱之前，还得就前面所提的特性再谈一谈。这些特性取决于生态学或者生物与环境之间关系的条件。在人类种系发生过程中，除了许多其他的人类行为固定模式之外，又产生了这种我们正在谈论的机制的时候，这种特性便随之而来了。以前，人类的生活是非常艰难而又危险的。从事狩猎或捕鱼时，会因为受制于猎获物收成等偶然因素，几乎总是饥肠辘辙，无法确保食物数量；而作为一种逐渐进入温带区域的热带生物，人类又不得不艰难地忍受气候之苦；加之仅仅凭借自己原始粗糙的武器根本无法战胜那些与其相邻而居的食肉猛兽……于是，人类不得不长期处在高度戒备状态之中，恐惧地求生过活。

在这种情况下，那些在今天被我们视作"有罪的"或者至少是"卑鄙的"事情在当时简直是最正确的做法，是赖以生存下去的必须手段。例如，暴饮暴食就是一种长处，因为一旦有体形庞大的动物进入陷阱，那么对人类而言，最聪明的做法就是敞开肚皮尽一切努力来饱餐一顿。"懒惰"这种恶习在当时也同样是一种优点，因为要得到食物实在不容易，不得不付出很大的辛苦奔波，所以对人类而言，不白白浪费一丁点精力是极正确的做法。人类深处重重危险之中，每一次不必要的冒险都是不负责任的胡闹，而最大限度、近乎胆怯的小心谨慎则是所有行为的唯一正确准则。简而言之，在那个时代，大多数我们至今仍具备的本能已被编制成了基因，成为人类身心的一部分。我们的祖先不必以"男子气概"或是"骑士"的方式去寻找生存的艰难，因为艰苦的生活会不请自到。这种强加于人类身上的、在系统发育中形成的"欲望–厌恶法则"以及出于害怕而尽可能地避开一切可以避免的危险和能量消耗在以前都是极其正确的做法。

　　然而，在现代文明的生存条件上，同样的"欲望−厌恶法则"却会产生毁灭性的失误，这些失误可以从人类的系统发育结构以及从"习惯"与"懒惰"这两个基本生理特性来加以解释。在许多年以前，人类中的一些智者已经正确地认识到，追求快乐和避免不快是人类的本能。然而，如果这种追求太富有成就，则对人类本身而言绝非好事。在古代，那些拥有高度文明的人类已经懂得避免所有会带来不快的刺激情境，而这样的做法则可能产生危险的、甚至可能造成一种文化覆灭的后果——"脆弱"。同样是在很久以前，人类就已经发现，通过将刺激进行巧妙的编排与组合可以使那些令人愉快的刺激情境产生更好更强烈的效果，并且可以通过不断变换刺激情境来使人始终处于快乐状态，而不会因为单调的反复刺激出现感官麻木现象。这种"发明"见诸于许多拥有较高文明程度的人类，并渐渐变成了一种恶习，它和"脆弱"一样可以摧毁文化。长期以来，智者贤人们一直在谆谆告诫人们要提防这两种现象，尤其是后一种恶习。

　　现代科学，尤其是药理学的发展，正以前所未有的程度助长着"避免不快"这种人类的普遍追求，我们几乎不再意识到，自己对这种现代的"舒适"有多么依赖。而且对我们许多人而言，"安逸"已是极其理所当然的事了。就连态度最谦卑的女仆也很快就学会了愤怒地进行反抗，而且这种反抗颇有成效：她得到了一个带暖气和照明设备的，足以让魏玛公主安娜·阿梅莉（Anna Amalie）也能够满意的洗浴和休息场所。在几年前的一天，纽约市由于变压器发生大面积故障而造成停电好几个小时。在那漫长的黑暗时光，许多人的精神几近崩溃，甚至有人深信是世界末日来临了！或许，有人会说，你不能一概而论嘛，在我们之中仍有不少人认为过去的岁月拥有诸多优越性，仍有许多人崇尚俭朴的生活。然而，如果一旦迫使这些人士去接受两千年前流行的外科疗法的话，想必他们也会开始重新审视自己的观点了。

随着在控制生态环境方面不断取得进步，现代人类必然将其"欲望－厌恶法则"的"市场情况"沿着这种方向向前推进：对所有引起不快的刺激情境越来越敏感；对所有引起快乐的刺激情境则越来越迟钝。而由于种种原因，这种行为必将导致许多后遗症。例如，由于人类对不快越来越不能容忍，而快乐的吸引力又在不断减弱，这就使得人类逐渐失去了在那些必须先付出才有回报的企业从事艰苦工作的能力，并由此产生一种迫不及待的需求，希望自己的所有愿望刚刚萌发便可以立即得到满足。遗憾的是，工商业者为了自己的利益总是想方设法地助长这种需求。同样奇怪的是，消费者也甘愿"上钩"，他们已沦为这些貌似热情周到、实为无底深渊的"透支购物"的忠实奴隶。

　　由于显而易见的原因，这种对"即刻满足"的迫切需求在性行为这个领域造成了尤其恶劣的后果。随着追求远期目标这种能力的丧失，所有那些原本极其优雅、精彩多变的行为方式，如求婚、结婚等，已经逐渐消失殆尽。而这些行为方式不仅是一种本能而且还具有文化特质，换句话说，不仅那些在种系发生的进程中为了配对繁殖这个目的而形成的行为方式，就连那些人类特有的、在文化生活领域起着类似作用的行为准则也都逐渐消失了。将这种"只重结果、不求过程"的行为方式——即许多当代电影中大肆颂扬且奉为行为准则的"快速交媾"——称作"兽性"实在是一种误导，因为这样的事发生在高级动物身上纯属例外。说成"畜生般的行为"则要更合适一些，这里所说的"畜生"指的是那些家畜，因为人们为了便于饲养，早已替家畜作主将所有那些费时费力、不合经济效益的原始交尾方式通通"废除"了。

　　如前所述，惰性以及形成对比是"欲望–厌恶法则"特有的特性。为了避免最小的不快可以不惜代价，这种过度的苛求必然导致这种后果：那些原本通过对比作用而获取快乐的特殊方式不复存在。歌德的作品中曾有一句名言："艰苦的工作，快乐的假日。"而现在，这句古老的格言恐怕早已被遗忘了。然而，这种通过克服困难而获取的快乐是绝对无法通过"避免不快"得到的。舒尔茨（Helmut Schulze）

曾指出过一个值得注意的现象："愉快"这种概念的词在弗洛伊德的论著中几乎不曾出现。弗氏常常提及"享受（满意）"，但这并不是"愉快（高兴）"。舒尔茨举例说，一个人决定去爬一座非常险峻难登的大山，他汗流浃背、疲惫不堪、关节僵硬、肌肉酸痛，而在经历重重困难终于登顶之后，又即将面临更加艰难而辛苦的下山之路。然而，在伫立巅峰、俯视众生的那一刹那，他的感受恐怕就不能用"享受"，而应该用至上的"快乐"来形容了。"享受"或许可以不必通过艰苦的工作而获取，然而"愉快"这种鼓舞人类的天赐之物却不会如此。现在的人类是越来越不能忍受"不快"了，总是设法将大自然赋予人类生活的"高度"与"深度"都人为地变成平原；将宏伟无比的波峰和波谷变成几乎难以察觉的轻微颤动；将光与影变成单调的灰色。总之，这一切的一切都使人觉得异常枯燥无聊。

这种"情感的死亡"似乎正在以非常特别的方式威胁着每一种愉快和痛苦的情感，而这些情感原本是理应伴随我们的社会关系、我们与丈夫（妻子）的关系、我们与子女的关系、与父母及亲朋好友的关系而产生的。海因洛特在1910年曾发表过这种见解："我们对家人与陌生人的态度、对爱情与友谊的追求比我们通常所认为的要更加先天固有化、更加原始。"现代人类行为学的研究成果已经充分证实了这一点。所有这些极其复杂的行为方式早已被编制到人类的遗传基因程序里了，它们带给人类的不仅有快乐，而且也有许多痛苦，无一例外。布什（Wilhelm Busch）说过："爱情只会带来愉快——这是一种流传很广并对一些青年产生误导的错误观点。""由于害怕而希望避开痛苦"，这意味着要避开人类生活的一个重要组成部分。而随着前面所论及的人口爆炸所带来的"不要感情用事"这个恶果，这种倾向越来越明显，也越来越危险了。由于一些文化团体不惜一切代价来致力于消除悲伤，这也在人类对自己亲人的死亡所持的态度方面产生了异乎寻常且十分可怕的影响。例如，大部分北美人民都受到了弗洛伊德观点的影响。死者突然消失了，人们不再谈论他，就好像他从来不曾存在于这世上过一样，而这种行为举止是很不近人情的。以残酷无情著称的讽刺作家伊夫林·沃（Evelyn Waugh）在其著作《苦恋》（*The loved One*）中严厉谴责与抨击了那种对死亡的过度美化：尸体被浓妆艳抹，极具艺术特色，而对死者的美丽外表表示称赞才是合乎礼仪的举止行为。

这种大规模地"避免不快"对人类的真实本性所产生的影响是毁灭性的，与此相比，那种同样毫无节制的对快乐的追求简直不足挂齿，毫无危险可言。甚至有人还曾说过，现代文明人类毫无血性可言且极其骄傲自大、自命不凡，所以根本无法发展一种显著的恶习。那么，为什么人类会不断丧失这种对快乐的感知能力呢？这主要是因为人类已经对那些越来越强烈的刺激情境产生了适应，因此，自命不凡的人类总是在寻求新的刺激情境。这种"嗜新症"几乎遍及了人类与周边事物关系的方方面面。对于那些受到前面所述的文化疾病侵害的人而言，一双名牌鞋、一件昂贵的衣服或是一辆汽车的魅力只能维持一段时间而已，至于情人、朋友甚至是故乡也同样如此，经过短暂的拥有便会失去吸引力。例如，许多美国人在搬家时会毫无留恋地将其所有的家具通通卖光，然后再买新的。而各种各样的旅行社在报刊杂志上做广告时，都会抛出一个经久不衰、屡试不爽的"诱饵"："走，让我们去结识新朋友。"也许有人会说，只有你们这样的人才会在别人将自己某条穿了多年的忠实的旧裤子或是某个旧烟斗扔进垃圾箱时感到遗憾。要是我断言，这种事情与人类对人际交往的态度是异曲同工的话，也许会被认为有点儿夸大其词、胡言乱语。然而，每当我想起自己在终于下定决心卖掉那辆伴随我多年、蕴藏着无数美好旅途回忆的老汽车时的感觉，我必须坦率地说，这种感受与和老朋友告别时的伤感并没有什么不同。如果说，面对的是没有生命、没有情感的物品，这种反应还似乎有些小题大做、不合情理的话，那么，如果面对的是一只高级动物，这种反应不仅合情合理，而且简直可以用来衡量一个人究竟是情感丰富还是缺乏情感了。有些人在谈及自己的狗时，会说出这样的话：
"……此后我们搬进了城里，不得不把狗送给了别人。"对
于这样的人，我会在内心深处排斥他们，不再与其交往。

　　"嗜新病"是大制造商深受欢迎的一种表现，借助于第
七章将论及的"群众的可灌输性"，制造商可以利用这种现
象来获取巨大的商业利润。"定期过时"是一种法则，它在
时装业以及汽车零售业起着非常重要的作用。

　　在本章结束之时，我还想就克服这种情感脆弱以及死
亡的可能性谈一谈。这种弊端的起因是如此容易理解，而要
消除它却又如此艰难。究其原因，显然是因为人类缺乏天然
的障碍。排除障碍可以使人坚强，因为障碍会迫使人接受不
快，而一旦战胜了困难，排除了障碍，又会使人感受到一种
特殊的快乐与成就感。问题在于，正如上面所说，这种障碍
必须是天然的。战胜那些人为的生活障碍，并不能给人带来
满足。哈恩（Kurt Hahn）曾尝试着把那些自以为是、骄傲自
大、对什么都不感兴趣、无聊至极而且无所事事的青少年们
组织起来到海滩边去拯救溺水者，取得了非常显著的效果。
这种特殊的情境可以唤起最根本的人性，使得参与者的身心
受到洗礼，其疗效是有目共睹的。舒尔茨也采取了类似的方
法，他将病人带进非常危险的情境，即他所说的"临界情
境"。简单地说，就是迫使那些脆弱的人们面对真正的人世

艰辛，从而使他们内心的癫狂感消失。然而，尽管这些由哈恩和舒尔茨各自创立的治疗方法取得了非常巨大的成效，却仍然并非解决问题的普及性方法，因为人们不可能为了让所有有此需要的人获得治疗所需的有效刺激情境而去人为地制造大量的轮船失事。也不可能将他们都塞进滑翔机中，让恐怖感使他们意识到，生活原来是如此美好。值得注意的是，有一种能够用来进行持续治疗的模式可以在非常普通的情境下进行。例如，有一些情感淡漠的人在烦闷中试图自杀并留下了或轻或重的身体创伤，结果却歪打正着地治愈了心灵的创伤。很多年前，有一位来自维也纳的盲人教师曾对我讲述了这么一个真实的故事：一个企图自杀的年轻人因为朝自己的太阳穴打了一枪而导致失明，但此后他却再也没有了自杀意图。许多拥有类似经历的人不仅继续活了下去，而且令人吃惊的是，他们还渐渐转变成为稳健、平和而且幸福的人。例如，有一位女士就曾有过类似的经历。她在年轻时曾有一次试图跳楼自杀，结果摔断脊椎造成了截瘫。然而，在此后的岁月里，她却过上了一种幸福且具有人类尊严的生活。毫无疑问，正是这些难以排除的障碍使得那些由于烦闷无聊而绝望的年轻人又看到了人生的价值。

◉ 注解

1. 条件反射

指人和动物后天获得的反射。它的建立要有一定的条件，即要通过学习或训练，要以非条件反射为基础，一般要有大脑皮层参加。例如，食物进入口腔引起唾液分泌，这是先天的非条件反射。如果动物在进食前和进食中听到铃声，并且铃声与食物对口腔的刺激经过多次结合的话，以后只要听到这种铃声，动物就会分泌唾液。这就是条件反射。铃声刺激原来与食物反应无关，但现在铃声具有了食物即将出现的信号意义，变成了条件刺激，铃声与食物之间建立了暂时性的联系。这种过程重复的次数越多，联系就越牢固。如果长时间不重复，或铃声之后不再有食物出现。这种暂时性联系就会减弱或消失。通过条件反射的建立与消退，机体与环境之间就有了更加广泛而灵活的联系，这就使得机体对环境条件的变化能预先做好准备，增强机体适应环境的能力。

2. 刺激

任何作用于有机体并可能引起其反应的因素均叫作刺激物。刺激物施于有机体上的影响，叫刺激。刺激是否会引起有机体的反应，与刺激的性质、强度、持续时间以及有机体本身的特性密切相关。

3. 拟人论

把人的特点、特性赋予神、动物或物体之上。换言之，即以人的能力、行为或经验的术语来解释动物或非生物的上述特性。它不仅是神话的思想来源，而且在比较心理学史上曾占有一定地位。

4. 学习

它是动物和人类所共有的一种心理活动。对人来说，学习是指知识经验的获得及行为变化的过程。行为主义者把刺激与反应之间的联结形成条件反射称为学习；认知心理学则以信息加工理论来说明学习的过程，它指信息的输入、编码、加工储存、输出反馈的过程。学习有广、狭二义，也可分为四个层次：最广义的学习指动物和人在生活过程中获得个体行为经验的过程。凡是能建立条件反射的有机体就有学习行为，它是动物和人类有机体的普遍现象。高一级的指人类的学习，是一种自觉的、积极的、主动的过程，除获得个体经验以外，还要掌握社会历史经验。也包括学校中的学习和日常活动中的学习。再高一级的专指学生的学习，是在教师指导之下有目的、有计划、有组织、有系统地进行的，包括知识、道德品质和行为习惯的培养与提高。最狭义的学习指知识、技能的获得与形成，学习心理学所研究的主要就是这种学习。

5. 机制

一般指类似机器那样行使作用的系统。威斯将其定义为一种（或一组）有目的的反应方式，而精神分析学派则以它代表由压抑而产生的无意行为动因。同时，在心理学中，一般将产生心理或行为的生理化学过程统称为机制。

6. 感觉适应

是指感受器在刺激物持续作用下所产生的感受性的变化。如从亮处到暗室，起初什么也看不见，过一段时间，对弱光的感受性逐渐提高，叫作暗适应；从暗室到明处，最初会感到耀眼目眩，什么也看不清，过了几秒钟，对强光的感受就会迅速降低，叫光适应或明适应。嗅觉、肤觉、听觉、味觉等其他感觉在适应后感受性都会降低，痛觉适应在日常生活中则不明显。

7. 反应阈限

指引起有机体感觉的最小刺激量。

第六章

遗传的蜕变

人类天生就是一种文化生物。人类的本能驱力和人类受到文化、责任约束所产生的克制构成一个体系，这种平衡一旦被打破，便会出现障碍。若我们观察一下那些原本是野生的、后来放到笼子里喂养之后发生蜕变的家畜，就可以推知，一旦废除了特异性选择，社会行为方式发生蜕变的速度将会多么惊人地加快，它所导致的情感障碍和道德障碍都将是灾难性的。

背景知识

1. 利他行为

达尔文曾指出，经过一个自然选择的过程，有利他天性的生物可能使它们的物种留存下来。这一观点已被著名的当代社会生物学家威尔逊所证实。例如，当一只母斑鸡看到一只狼或其他食肉动物接近自己的孩子的时候，它会假装受伤，一瘸一拐地逃出穴窝，好像它的翅膀断了。这样食肉动物就会追踪它，希望进行一次较容易的捕食。一旦老斑鸡将这只食肉动物引到安全地点的时候，它就会一飞而走。它的这种策略常常成功，但有时也会失败，结果被吃掉。它牺牲了自己，但却保护了它的物种，使它的小鸡活到成年，繁殖后代。在人类历史上也有许多这样的例子。例如，一个家庭、国家或民族之所以传承下来，是因为其中的少数勇敢者献出了自己的生命。因此，许多社会心理学家假设，利他行为是有遗传机制的，但迄今仍没有证据能证明此假设。

许多西方社会心理学对年幼儿童的观察研究也证明了人类天生有利他行为的倾向。亚罗和韦克斯勒等人总结了一些对10个月大婴儿的观察研究。他们发现，就连婴儿也有利他行为。例如，他们明显会试图安慰受伤的父母或者兄弟姐妹，给坐在旁边的人喂食物，把自己的玩具给别人玩，看到父母痛苦的表情时会表现出畏缩和痛苦等。因此可以说，利他行为在我们的日常生活中随时随处可见，是人们社会生活中不可缺少的一部分。

社会学家和社会心理学家早已对利他行为进行了大量科学研究，根据许多学者公认的看法，我们将利他行为定义为：利他行为是指对别人有好处，没有明显自私动机的自觉自愿的行为。

社会心理学家对利他行为的研究主要包括：1.一般人看到陌生人遇到困难时所表现的利他行为方式；2.人们对犯罪行为的制止和干预，这种行为一方面有助于犯罪行为的受害者，另一方面也使犯罪者不能得逞并遭到惩罚；3.个人克制自己，没有越轨行为，这是以克己的方式取得利他效果的行为；4.偿还行为，这种行为的目的是回报他人的恩惠或补偿自己曾使人蒙受过的损失。

2. 侵犯行为

谈到侵犯，似乎每个人都能理解，但要给它下一个较为准确的定义，却不是件容易的事情。早期的社会心理学者由于受行为主义的影响，把侵犯看成是对其他人造成伤害后果的行为。根据这种说法，只要一种行为伤害了他人，即可称为侵犯行为，而行为者即可称侵犯者。但仅以行为及行为的后果来界定侵犯的概念，并不是恰当的。例如，一名足球运动员在比赛时射门不准，把球打在围观者的脸上，虽然此行为产生了伤害他人的后果，但人们对此并不十分介意，也不会把此行为看成是侵犯行为，把行为者看成是侵犯者。反之，一个蓄意杀害他人的人，出于惶恐未能将刀子扎在受害者身上，尽管其行为没有伤及任何人，可是人们仍会视之为严重的侵犯行为。因此，我们便可以认为侵犯是有目的、有意图地侵犯他人的行为。

那么，侵犯行为的产生原因是什么呢？对于这个问题有很多解释，在此我们来看看弗洛伊德与洛伦茨的解释。

弗洛伊德是精神分析学派的创始人。他认为，人有两种本能，一是生的本能，弗洛伊德称之为"利比多"，它代表着爱和建设的力量，指向于生命的生长和增进；二是死的本能，弗洛伊德称之为"达那多斯"，它代表恨和破坏的力量，表现为求死的欲望。死的本能有内向与外向之分。当冲动指向内部的时候，人们就会限制自己的力量，惩罚折磨自己，变成受虐狂，并在极端的时候毁灭自己；当冲动指向外部的时候，人们就会表现出破坏、损害、征服和侵犯他人的行为。

既然侵犯是人的本能所为，那么侵犯的力量和动机是不会间断的，因此应该不时地给予释放机会，以免积累太多时，导致不可收拾的总爆发。

认为侵犯行为完全是由人的本能所支配是不正确的，因为生活于社会中的人，其任何行为都不可能完全由本能决定，还必须考虑社会因素的影响。同时，弗氏侵犯行为的本能论只是一种理论上的推测，并没有得到科学上的任何验证。

著名的动物行为学家康拉德·洛伦茨把人的侵犯行为与动物的侵犯行为相比较，认为动物的侵犯行为有两种，其一为掠食行为，目的是填饱饥腹，这种行为是一种不带情绪的、近乎自动性的反应；其二是争斗行为，成群而居的动物会产生同种之间如何分配食物、性配偶与空间领域的冲突问题，动物解决这种问题的方式常常表现为威吓、争斗和侵犯，这种争斗和侵犯具有求得生存并使物种不断进化与发展的功能。洛伦茨认为，从动物的争斗行为中，可以帮助我们了解人类的侵犯。同弗洛伊德一样，他也用本能来解释人类的行为。他确信，侵犯是人类生活不可避免的组成部分，所以必须定期加以发泄，这种定期的发泄，也就是几乎在每一世代中要发生大规模战争的原因。对现代人类来说，除战争外没有足够的发泄途径。他建议人们采用举行体育竞赛以及其他消耗体力的活动，例如登山、航海等不具破坏性的发泄方式来代替战争。

有些社会行为方式尽管会给团体带来好处，但却会损害到个体，或者说，这种行为对于身为履行者的生物体明显不利，但是对另外一个与自己无甚关联的生物体乃至对于物种的成功延续有利。要想通过基因突变和自然选择法则来对这类社会行为方式的形成以及保存加以解释是很困难的，关于这一点，比绍夫（Norbert Bischof）已在不久前进行了验证。尽管可以用浅显易懂的"群体选择"来解释这种"利他行为"的产生原因——关于这一点，我在此不作进一步探讨，但是以这种方式形成的社会体系必然是不稳定的。我们知道，寒鸦常常会表现出一种防御反应，每个个体都会尽最大的努力去保护与营救一个被捕食动物捕获的同胞，从这一点可以很容易理解，为什么拥有这种行为方式的群体会比其他群体具有更好的生存前景。然而，如果在一个群体内部出现了缺乏这种无私捍卫反应的个体，那么会产生什么样的问题呢？可以说，提出这个问题并非是空穴来风，因为遗传蜕变几乎是无法避免的，只是迟早的问题而已。而且假设救助同胞的行动具有某种危险的话，那么对于那些已经发生"利他行为"遗传蜕变的人而言反而更加有利。所以，可以预见，这种寄生于普通群集成员社会行为方式上的"利己不利人"因素迟早会渗透到整个社会群体。

由此可见，这种单纯的利他行为只适用于那些群居生活的动物，在这些动物物种中，繁殖以及社会工作职能没有被分配给不同的个体。例如，在社会组织高度发展的昆虫王国里就不存在上面提及的利他行为蜕变等问题，这也许是因为，在这些动物物种中担任工人和士兵的成员，例如工蚁和兵蚁，它们的"利他主义"本能已经发展到了极端的程度。然而，我们并不知道，到底是什么有效地阻止了那些寄生于个体成员身上的、对群体不利的因素向整个脊椎动物们渗透。同样也很难设想，一只寒鸦对某位拒绝参与"利他行为"的同伴会产生什么样的反感或鄙视。据我们所知，只有在那些相对较低级而且高度一体化的生命系统，即"细胞系统"，以及人类社会中才有这种对不合群行为的反感。这种"免疫"使人们认识到一个重要的、具有深远意义的事实：抗体形成能力与产生恶性肿瘤的危险之间有着密切的关联。是的，人们可以支持这个观点，即正是压力"造就"了特殊抗体。这种选择能力使得那些寿命长的、尤其是长期持续发展的有机体不断面临这样的危险：细胞在不断的分裂过程中由于发生突变而产生危险的"有害"细胞形式。恶性肿瘤与抗体，这两者都是无脊椎动物所没有的，两者都是极其突然地出现在生物序列中最低等最原始的脊椎动物，即七鳃鳗所属的环口亚目中的。如果不是因为我们的身体所具有的免疫反应，起到了一种类似"细胞警察"的作用，那么我们这些人类大概都会年纪轻轻就死于恶性肿瘤了。

对我们人类而言，就连最普通的群集成员也都具有极其特殊的反应方式，并以此对那些不利行为作出反应——愤怒！当一个性格温和的人亲眼目睹孩子被虐待或者妇女被强奸时，愤怒会使他使用暴力。再则，如果我们对不同文化中法律构架作一下对比，就会发现它们有着惊人的相似之处，而这是无法用文化发展史的内在联系来解释的。歌德说："法律，伴随我们的一生。然而，法律从何而来却无从问起。"那种认为天赋人权可以不依赖文化立法而存在的信念显然包含着这样的看法：这种权利是超自然的，它直接来自神灵。

说来也巧，就在我开始写上一章的时候，我收到比较法律学家皮特·桑德（Peter H. Sand）的一封信，在此我引用其中的一段："最近，比较法律学的研究越来越侧重于世界上不同法律体系的结构相似性。"例如，康奈尔大学项目小组不久前发表的论著《法制体系的共核》（*Common Core of Legal Systems*）。目前对于这种切实存在并且极其广泛的法律体系构架一致性主要有三种解释：一种是形而上学的天赋人权之说（与自然科学界的活力论即生机主义相符）；一种是历史之说，即认为这种结构一致性得之于不同法律体系之间的相互扩散、接触等思想交流，也就是说，得之于对习得行为的模仿；还有一种生态学之说，认为它源自对外部环境条件以及基本设施的适应，也就是说，法律是通过共同经验习得的行为方式，所以会产生一致性。此外，最近又出现了一种心理学的解释，认为这种不同人种、不同文化所共同具有的"正义感"源于儿童时期的特殊经历。这种解释直接援引于弗洛伊德的理论[首先由阿尔伯特·埃伦茨威格（Albert Ehrenzweig）在其著作《心理分析的法学》（*Psychoanalytische Jurisprudenz*）中引证]。就其本质而言，这个新方向意味着一种新的观点，它把"正义"这种社会现象归因于个体结构，而在传统的法律理论中则恰恰相反。书中不断强调法律领域一些"习得"的行为方式，却忽视了其中可能存在的某些"先天的"行为方式。当然，这是我个人的观点。而在我读完所有的论文（其中有一些文章对于法学家而言也是不容易的）之后，我更加确信，这种神秘的、不可思议的"正义感"——这个词本身就可以追溯到古老的法学理论上，但缺乏解释与说明——在很大程度上都应归属于典型的固定行为模式。

我本人是绝对赞同这个观点的，但是我也清楚地意识到，要找到令人信服的证据是很难的，桑德教授在其信中也同样指出了这一点。那么，未来关于"人类正义感"的种系发生以及文化史源泉的研究又将告知我们什么呢？可以肯定的是，下列这些事情是有科学根据的：现代人类拥有一个极其多变的行为体系，正如细胞王国中抗体形成的方式一样，这种行为体系有助于消除那些危及群体的寄生物。

现在，在现代犯罪学领域也提出了这个问题，即在这个犯罪行为中，有哪些可以用固定行为模式发生遗传蜕变以及精神障碍来解释，又有哪些可以用文化传统中的社会准则紊乱来解释。尽管同样困难，但对这个问题的判断比起对法学中理论问题的探讨，其现实意义要大得多，因为法律就是法律，无论它的构架得于种系发生还是文化发展，它都具有同样的遵守价值。而在对一个罪犯进行裁决的时候，之所以会问及其犯罪行为是遗传的（先天的）还是教育的（习得的），主要目的只是为了判断他是否还有可能重新变成对社会有用、有利的人。尽管尚不能肯定地说，遗传突变是无法通过有针对性的训练来加以修正的，但是，按照克雷茨克默（Kretschmer）的观点，许多瘦弱型的人通过大强度的体操训练之后，其肌肉简直可以与运动员相媲美。如果根据所有先天固定行为模式不受学习与教育影响这个事实来作论断的话，那么人类岂不就成了其本能驱力的不负责任的玩物了吗？可以说，无论是何种文化都把"人类必须学会约束自己的欲望"作为共同生活的先决条件，所有禁欲者的布道也都有这个真实内涵。但是，理智与责任感的控制力量是有限的，对健康的人而言，他足以使自己适应于某个文化团体。不过，套用一个我常用的比喻：心理健康的人与精神变态者之间的区别并不比代偿平衡心脏病与代偿失调心脏病患者之间的区别大。所幸的是，正如阿尔诺德·盖伦（Arnold Gehlen）一针见血的说法，人类天生就是一种文化生物。换句话说，人类的本能驱力与人类受到文化、责任约束所产生的克制构成了一个体系。在这个体系中，这两种亚系统的功能彼此协调，互相配合，但平衡一旦稍被打破便会出现障碍。许多人倾向于这种看法，认为人类的理智以及学习拥有无限威力，甚至是万能的。但事实上，这种障碍的产生比他们所想象的要更加容易。人类通过控制欲望的训练的确可以产生代偿作用来维持这种平衡，但遗憾的是，代偿作用的力量实在是太微弱了。

首先，从事犯罪学研究的人士都十分清楚，把所谓情感缺乏的人变成社会人的前景是多么不乐观。无论这个人是天生就缺乏情感，抑或是由于缺乏教育、尤其是住院治疗导致的情感障碍都是如此。在幼童时代缺乏与母亲的密切交流会使人失去社交能力，其表现出来的症状与天生情感缺乏极为相似。当然，绝不是所有先天缺损都是无可补救的。不过，如果这种损害是后天的，那么治愈的可能性就更小了。医生都有一个传统指导原则，即"预防胜过治疗"，这条法则也适用于所有的心理疾病。

"条件反射是万能的"这种思想是错误的，它应对某些不正常的判断失误承担相当大的责任。哈克（F. Hacker）在一次讲座中曾讲述过这样一个案例，一个年轻的杀人犯被送进精神病院住院治疗，不久后"病愈"出院，而出院后短短几天便又制造了一起新的谋杀案。此后，同样的事件至少又发生了两起，当这名案犯杀死了第四个人之后，这个人道的、民主的、行为主义的社会才终于认识到他是对公众有危险的。

与当今公众对犯罪行为的态度所造成的危害相比，这四个无辜死者就不足一提了。"所有人的天性都是一样的，罪犯所有伦理道德上的缺陷都应归因于教育者的失误"——这种已经发展成宗教的信念导致了那种天赋的"正义感"被销毁，尤其是那些天生情感缺乏的人，他们充满自怜地把自己视作是社会的牺牲品。不久前，在一家奥地利报纸上刊登了一则醒目的大标题："17岁的青年由于惧怕父母而杀人"。这个男孩强奸了自己年仅10岁的妹妹，当她威胁要把此事告诉父母的时候，便被哥哥扼死。在这个错综复杂的事件中，其父母无疑应对事件的发生负有部分责任，但可以肯定的是，其错误并非在于他们使孩子惧怕自己。

那么，为什么会有如此过激的、病态的看法呢？这是因为正如本书开头所论及的，每种调节系统都容易出现波动。

公众舆论是"惰性的"，它要经过很长的"不应期"才会对新的影响作出反应。此外，它还喜欢用夸大其词的方式将犯罪行为的真实情况大加简化。因此，发生争执时几乎总是对公众舆论持批评态度的反对派一方是正确的。但是，在观点争论战中，如果反对派不力求与相反观点保持平衡的话，那么他就会走向另一种极端立场。而一旦那种一直占主导地位的观点瓦解了——这是经常会突然发生的——钟摆就会大幅度地向同样夸张的对立观点摆动。

现在，自由民主就处在这种波动的极端状态。而在不久前，钟摆还处于相反的那一端，那就是：纳粹分子与集中营，安乐死与种族仇恨，谋杀与私刑。我们必须清楚地认识到，一旦振动停止后，无论钟摆指向哪一端，都是有价值的：停在"左边"（左倾），具有自由发挥个体特性的价值；停在"右边"（右倾），则有利于社会与文化的健全发展，两者都只是在无节制的情况下才会变得不人道。这种摆动依然将继续下去，在美国已经显现出了一种危险的迹象。年轻人或黑人表现某种叛逆本来是合情合理的，但是问题在于，现在叛逆已经超过了限度。这种叛逆给极端人权分子提供了可趁之机，他们利用这种传统的、屡教不改的失控来将挫折引向另一个极端。而最糟糕的是，这种意识形态上的震荡不仅没有减弱的迹象，反而变本加厉，出现了危险的灾难性倾向。因此，就现况而言，科学家的职责就在于设法研究出减少这种魔鬼摆动的方法。

现代文明人类陷入了许多矛盾与窘迫之中而无计可施，其中之一便是个体的人性要求与人类的整体利益存在矛盾。我们对那些人类蛀虫、社会的"害群之马"的同情与恻隐之心，会使正常人得不到应有的保护。无论这些人的卑劣行径是年少时代所遭受的伤害（如住院治疗）造成的，还是遗传缺陷所致，其结果都是一样的。人们从来不敢把"劣等"和"优等"这些词用到人类身上，以免会立刻惹上"纳粹分子"之嫌。

毫无疑问，这种桑德所说的"不可思议的正义感"是一种先天的反应体系，它促使我们对同胞危害社会的行为采取有力措施并加以制止，它定下了漫漫历史长河中永恒不变的基调，并由此将那些由不同文化彼此独立形成的法律与道德体系整合起来。毫无疑问，这种不反射的正义感造成可怕失误的概率与任何一种本能反射模式一样大。如果一个人在陌生的国度举止不当，触犯了当地的文化禁忌（例如，德国第一支赴新几内亚考察队的成员砍伐了一棵棕榈树），将会被当地人带着一种自以为是的正义感而按照本土法律杀死——尽管这个人的行为并不违法。"聚众骚乱"很容易导致残杀，它实际上是现代人类最野蛮残酷、毫无人性的行为之一。对外，它引起针对所谓"野蛮人"的暴行；对内，它导致了针对少数民族的暴行。按照艾瑞克森（Erikson）的观点，"骚乱"强化了种族主义的倾向，它以许多其他投射现象为依据，例如，为自己的放弃找一个"替罪羊"。此外，还有许多其他极其危险的、不道德的冲动，这些冲动是外行人无法从直观上加以辨别的，因为它们已经渗入了全世界每一种"正义感"中。

尽管如此，就好像甲状腺与荷尔蒙的关系一样，它对我们社会行为模式的作用机制来说是必不可少的。现在有一种明显的趋势，即对所有冲动都不分青红皂白地给予严厉谴责并且设法使之消失，这种做法就和通过将甲状旁腺摘除来治疗巴泽多氏疾病一样是不合适的。不仅如此，现在还有一种趋势，那就是用绝对的宽容来消除人类与生俱来的正义感，而那种认为人类的所有行为都是习得的伪民主学说，会使上述做法产生更加危险的后果。我们的行为对社会有利还是有害，大都取决于孩童时代的性格特征是好还是坏，而性格的形成又取决于其父母的明智程度，责任心的强弱，尤其是情感是否健全。同样，我们的许多行为是受到种属所限制的。我们知道，责任心这个调节因素不仅受到教育程度所限，而且只能在很小的范围内对社会行为的种属缺陷起到补偿作用。

如果一个人学会从生物学角度来思考问题，既知道本能驱力的威力，又了解伦理道德、责任义务以及美好意图的软弱无力，并且还能用一些精神病学以及深刻的心理学知识来看待社会行为失常的形成原因，那么他就不会像一个情感火热的纯情少女一样，用一种自以为是的愤怒来严厉谴责"违法乱纪"分子了。继而，人们会发现那些"社会的蛀虫"大都是值得同情的病人而不是凶恶的魔鬼——从理论上来说，这也是完全正确的。但是，如果将这种原本合理的观点极端化，发展成为错误的伪民主学说，认为人类的一切行为都可以通过"条件化"来控制，并且可以由此无限度地加以改变与更正，那么就会对人类社会造成严重的危害。要想真正了解那些明显的先天性本能蜕变会给人类造成怎样的危害，必须首先弄清楚这一点，即在现代文明生活的条件下没有一个因素能够对善意的宽容与诚实正直来进行选择，因为我们天生对这些价值有感情。在西方国家的经济竞争中，已经因此呈现出了一种不利选择的迹象，幸运的是，经济上的成就不一定对繁殖比率有利。

下面这则古老的犹太笑话足以说明道德的必不可少：一位亿万富翁来到一个媒人那里，暗示自己希望找个伴侣。那个媒人立即热情地推荐了一位极其漂亮的姑娘，她曾三次连任美国小姐。但是富人拒绝了："我自己已经够漂亮了！"于是，善于察言观色的媒人又立刻推荐了另一位人选，这位姑娘的嫁妆高达数千万。"我不需要财富，"大富翁拒绝道，"我本人已经够富了！"媒人立即又推荐了第三位新娘人选，这是一个才女，21岁就担任了数学讲师，24岁成了麻省理工学院的信息学教授。"我不需要才女，"亿万富翁轻蔑地说，"我本人已经够聪明了！"这时，媒人不禁绝望地叫道："天哪，那您到底要什么样的姑娘呀？""诚实、正派！"这就是亿万富翁的回答！

若我们观察一下那些原本是野生的，后来人工喂养之后发生蜕变的家畜，就可以推知，一旦废除了特异性选择，社会行为方式发生蜕变的速度会多么快。有一些人工养殖的鱼类经过几代人工繁殖之后，鱼的基因遭到了严重破坏，在几十对鱼中几乎找不到一对还能正确交尾的鱼。正如文化条件可以造成社会行为准则发生蜕变一样，这种高度细致化的并且历史极其短暂的机制抗干扰性极差。那些古老的、广为人知的本能，如觅食本能和交配本能，已经趋向过度了。这不免令人想到，人类很可能有意促进盲目的贪食本能以及同样盲目而贪婪的性本能，却把进攻本能和逃避本能视作妨碍物种选择的因素而力求消除。

从整体来看，家养动物实际是人类造就的一幅拙劣的讽刺画。在早期（1954年）的著作中，我就曾指出，我们人类的审美观与家养动物形成过程中定期出现的每一种体格上的变化都有着明显的关联。肌肉萎缩、脂肪蓄积以及正在日趋严重的大腹便便、颅底缩小、肢体变短……这些出现在动物和人类身上典型的驯化特征通常被视作是丑陋的，而与此相反的特征则是美好的。同样，驯化也使我们对行为特征的直观感受消失或者至少是受到了危害。母爱对家庭和社会无私无畏的奉献与觅食和交配一样同属人的固定行为模式，然而我们却显然把前者看得比后者更美好、更高尚。

在那些论文中，我详细地说明了某些驯化特征产生的危害与人类伦理道德的价值观以及审美观之间存在着某些密切的关系。可以说，这种关联作用实在太明显了，显然不是偶然的现象。唯一的解释就是，我们的价值观很可能是建立在一种先天的机制基础上的，这些机制阻挠了某些特定的、对人类有害的蜕变现象的发生。这种猜测是很合情合理的，比如我们的"正义感"也同样是事先就编入我们的基因程序中，其作用就是抵制那些人类蛀虫的恶劣行径对社会的浸淫。

遗传蜕变产生了众多的后遗症，其中之一便是性早熟与人格的持续幼稚，而且这种综合征由于同样的原因、以同样的方式同时出现在人类与其家养动物身上。很久以前，博克（L. Bolk）就曾指出，在许多身体特征上，人类与幼小的类人动物之间的相似之处比与成年动物更多。人们通常把这种固守于青少年状态不愿长大的现象称为"幼态持续"。博克于1926年指出了人类的这一现象，但他的侧重点主要集中在人类个体发育的减缓上，所谈的大都是"阻滞"。我认为，如果这一理论适用于人类体格的个体发育，那么它也应该同样适用于人类行为的个体发育。正如我在1943年指出的，人类对体育的爱好常常会持续一生，这种现象以及人们对世界的坦率、直爽——正如盖伦（Arnold Gehlen）于1940年所称的——都是一种青年特征持续的标志。

天真是人类最重要、最必不可少同时也是最美好的人性特征之一。弗利德里希·席勒（Friedrich Schiller）曾说过："人只有在游戏的时候才是完全的人。"尼采则说："在真正的男人心中，隐藏着一个希望玩耍的孩子。"

毫无疑问，天真是人类形成的先决条件之一。问题是，这种标志人类物种特性的幼稚化是否已经发展到了变质的程度。我在前面章节中已经谈及，对不快的不耐受性以及情感淡漠的现象可以导致幼稚的行为。这就难免让人不得不想到，这种人类的先天特性中可能也打上了文化的烙印。对满足欲望的迫切要求，缺乏责任心以及无视他人的感受是小孩子的典型特点，也是绝对情有可原的；而为了达到远期目标而做出耐心的努力，对自己的行为负责以及为将来的事考虑，则是具有成熟人类特征的行为准则。

癌症专家常用"未成熟"来描述恶性肿瘤的基本特征。细胞是特定身体组织，如表皮、肠上皮或者乳腺的组成部分，如果这些细胞的特征被损坏，那么它就必然会"退化"到一种与种系发生或个体发生的早期阶段相符的状态。也就是说，它的行为举止就会变得像单细胞的有机体或者胚细胞一样，并且开始不断地分裂而不顾及身体的完整性。退化得越厉害，新形成的组织与正常组织的差别就越大，肿瘤的恶性度也就越高。一个乳头状瘤虽然在皮肤表面上方增生了内赘，但如果它仍然具有正常表皮的许多特性，那么它就是一种良性瘤；如果肿瘤是由完全相同、毫无区别的中胚层细胞组成，则是恶性肿瘤。如前所述，恶性肿瘤的产生是由于某种防御机制失灵，或者是被肿瘤细胞破坏所造成的，这种防御机制原本是身体用来防止"有害"细胞产生的。如果这些有害细胞和周边组织抢夺营养，那么就会出现致命的肿瘤浸润性生长。

我们可以由此类推，如果一个人缺乏成熟的社会行为准则，固守婴儿状态，那么他必将成为社会的寄生虫。他总是期望继续得到成人的照顾与帮助，而这种照顾原本只有孩子才有权享受。前不久《意志报》上曾刊登这样一则报道：有个小伙子将他的祖母打死了，而犯罪的起因只是为了抢几块钱去看电影。在法庭辩护阶段，他不断顽固地重复自己的证词：他已经跟他的祖母说了，他需要钱去看电影。由此可明显判断出这个人的先天智力很差，低能愚笨。

无数青年人对现代社会制度乃至其父母存在着反感之心。尽管如此，他们仍然指望得到社会以及父母的抚养，并视之为理所当然的事，这一点也反映出了其"幼稚"性。

如果这种日趋严重的不成熟化以及当代青少年犯罪不断增多现象确实——像我担心的那样，是由于物种蜕变现象所引起的，那么我们人类面临的危险就大了。好在我们常常凭直觉来高度评价那些好的、诚实正派的行为，这很可能是当今时代唯一一个在反对社会行为蜕变方面起到一定选择作用的因素了。试想一下，连前面笑话中提及的那位老于世故的富翁都想娶一位诚实正派的姑娘呢！

在前面章节中所论及的那些因素——人口爆炸，商业竞争，自然环境遭到破坏，脆弱，情感冷漠化等等的共同作用下，现代人已经失去了种种判断是非的能力，分不清好与坏。此外，还不断有人为这些危害社会的行为开脱：这些失误都有着种系发生的根源，因而你们应该谅解并接受。

我们必须学会将人类个体需要与群体的需要结合起来，不仅要尊重人的个性，而且要同时考虑到人类群体的利益。自己的某些社会行为方式发生蜕变，同时又出现了情感障碍——一个遭此打击的人确实可怜，理应得到我们的极大同情。然而，这种蜕变本身绝对是不好的，是不折不扣的恶魔。它不仅是对动物进化到人类这个创造过程的否定与废除，而且比这更糟糕、更可怕。因为，这种神秘莫测的道德行为障碍所导致的常常不是一种简单的缺失（比如诚实正派的品质），而是一种仇视。正是由于这些不寻常的现象才使得许多新教派开始信仰上帝的对立面。如果人们用警觉的双眼观察一下当今世界上发生的事情，便无力反驳这样一个观点：魔鬼出世了！

无疑，物种固定行为模式的蜕变正以可怕的方式预示着我们：世界末日即将到来！但是，化解这种危机并不难，也许比化解其他的危机，如人口爆炸或是商业竞争的恶性循环，还要更容易一些。因为，那些危机只能通过彻底变革措施，至少要通过重新评价所有今天所崇尚的"伪价值"才能化解。而只要我们把那则古老的犹太笑话所蕴含的真理牢记在心，不要忘记那个找寻婚姻伴侣的简单而理所当然的要求：她必须诚实正派——而他也一样，那么，就足以防止这种遗传蜕变的发生。

下一章的内容是关于"抛弃传统"所带来的危机。这种危机是由青年人毫无顾忌的叛逆所招致的。在开始新章节之前，我必须澄清一个可能引起的误解。在前面，我已经说明了日趋严重的幼稚化现象可能招致的危险后果，所有这些后果，尤其是责任心的消失与价值观的异变，都导致了青年犯罪率的迅速上升。但是，这一切绝对不应归因于青年人的叛逆。在此我可以明确地指出，这些青年人绝对不缺乏对社会的责任心以及伦理道德，更不是"价值盲"。恰恰相反，他们常常会有一些独到的且极其正确的见解。关于这一点，我将在后面谈及。

● 注解

1. 社会组织

社会群体分类和群体研究中较大的概念。指为达到一定目标，心理群体相互关联、相互整合的体系，即许多功能相关的心理群体，为达到某种特定的目的合并而成的组织系统。

2. 门

门是种的分类学中的一个俗名。每一个物种在拉丁双名制[①]中有一个名称，此名称世界通用。拉丁名的第一个字是属名，属名是斜体字，并且第一个字母大写。拉丁名的第二个字是种名，它的第一个字母不大写，也是斜体字，它只标明是属内的一个，而且仅仅是一个种。例如蜜蜂的分类——动物界（俗名界），节足动物门（俗名门），昆虫纲（俗名纲），膜翅目（俗名目），蜜蜂科（俗名科），蜜蜂属（俗名属），蜜蜂种（俗名种）。

3. 社会准则

也称"社会规范"，社会为其成员所确定的基本行为界限。它包括一定的制度、准则、风俗、习惯、价值标准、规矩等，是社会价值体系的具体化。对于社会规范的了解，人

---

① 拉丁双名制是确定植物真正身份的标准学名，基本格式为拉丁属名+拉丁种名。——编者注

们是在社会化过程中逐渐实现的。由于社会规范对各种社会角色的要求不尽相同，人们在扮演各自的角色时所遵守的行为界限是有差别的。社会规范的形成以社会文化为基础，文化基础不同导致社会规范产生差异。如我国封建时代要求妇女遵守三从四德，现在则主张男女平等。又如子女赡养父母在我国是一项传统的义务，而在有的国家并不存在这样的义务。社会规范的形成与人们的心理因素有关。在人们的社会交往中，由于模仿、暗示、遵从、顾虑等心理因素的作用，会发生一种互相接近、趋于一致的类化过程，在此基础上就会形成各种社会规范。

4. 代偿

机体在进化过程中形成与发展起来的一种适应现象。是机体对抗有害因子、损伤或障碍，以维持机体正常功能的一种重要手段。代偿可以概括为三种方式：形态学代偿、代谢性代偿和机能性代偿。

5. 行为主义

行为主义即行为论心理学或行为心理学，为美国20世纪最有影响的心理学派，也是世界心理学主要学派之一。它的主要创始人与代表者华生（J. B. Watson）认为，心理学是自然科学的一个分支，反对以意识为心理学对象而以行为代之，反对以内省法为心理学主要研究方法而以客观观察法代之。他主张人兽之间没有分界线，认为人只是有机的机体。他提出心理学的所有研究最终都可归结为可客观观察的刺激与肌肉、腺体的反应，从而认为心理学的任务就是通过这一联系预测与控制行为。

6. 投射

自我把不能接受的冲击、欲望和观念转移到别人身上，说成别人有这种恶念或恶习。例如，不能宽恕内心敌意的神经症患者和精神病人，常常以迫害妄想的方式把自己的敌意转嫁给别人。

第七章

抛弃传统

　　一个民族的文化传统决定着人们的思维方式和生活方式，所有的文化发展都是以积累的传统为基础的。青年人对传统的摒弃多出现在青春期，他们否定传统，而对所有的新鲜事物充满好奇，亦称"生理嗜新症"。他们总是毫不犹豫地加入到年轻团体中去，以满足自己的"认同作用"和"团体归属"的欲望。

背景知识

1. 反主流文化

"反主流文化"（Counter Culture）一词是美国学者西奥多·罗札克在20世纪70年代创造的，但这种文化形态的出现，可以追溯到美国60年代以前的嬉皮士（Hippies）运动和法国1968年5月的大学生运动。

顾名思义，反主流文化是对主流文化的反叛和背离，其主体是青年。由于它的表现形式、形成原因和思想倾向十分复杂，很难给它划定一个严格的范围和下一个精确的定义。但有一个共同的特点，即对传统文化和主流文化的不妥协主义（Inconformism）。凡是主流文化所倡导的生活方式、行为规范和价值观，反主流文化都反其道而行之。这种由于青年人对资本主义社会现有文化强烈不满而表现出的反叛行为，在无政府主义，新弗洛伊德主义和某些宗教迷信的影响下，形成了60年代西方文化中的许多怪现象，其主要表现形式有以下几种：

嬉皮士运动：60年代西方经济不景气是嬉皮士运动形成的直接原因，许多年轻人穿着奇装异服，蓬头垢面在大街上出现。有的三五成群，在街头呼喊喧闹，表演所谓街头闹剧；有的拉帮结伙，到城外组织嬉皮士公社，过一种不受任何约束的自由生活。这种小丑式的对现实的反叛活动并没有延续多长时间，到了70年代西方经济复苏，一些昔日的嬉皮士成了企业中的骨干管理人员，被称为"雅皮士"。

性解放运动：60年代伴随嬉皮士运动而来的是范围更广的性解放运动。这场西方文化闹剧与弗洛伊德的泛性论和威廉·赖希的"性革命"号召有着密切联系。一些受过较高程度教育的中产阶级青年，不满意传统的小家庭生活，对传统的婚姻制度表示反抗，采取一种不受任何礼教约束的婚姻形式，自由同居，自由离异，甚至建立大规模的群居公社或裸居村。据说在丹麦首都哥本哈根市郊有一个规模较大的"自由城"，青年人在那里过一种没有城市喧嚣，没有现代物质文明的原始公社生活。那里崇尚性自由，生下的孩子由公共幼儿园照看。60年代的性解放运动的极端形式虽然不是普遍的，而且延续时间不长，但造成了西方社会性自由的普遍风气，没有父母的私生子，有父无母或有母无父的家庭是常见的现象。

神秘宗教活动：这是蛊惑人心的宗教宣传和青年人的反叛行为结合的产物。一些把解脱尘世苦难的希望寄托在上帝拯救的善男信女上，在神父和牧师的蛊惑煽动下离开城市家庭，到边远地区建立公社，过一种自耕自足的群居生活。美国有一部名叫《邪教》的电影所描绘的，就是这样一种神秘的宗教公社。加入这个公社的青年男女希望摆脱资本主义社会的束缚，过一种人性获得解放的自由生活，结果得到的是比法西斯主义有过之而无不及的专制统治。他们在公社首领（神父）及其打手们的武装监督下劳动，任何越轨行为都会受到极严厉的酷刑惩罚。最后，当政府出面干预时，全体社员在首领的胁迫下集体自杀。

大学生骚乱：1968年5月至6月，巴黎及其他几个城市的大学生走上街头，打出开展"意识革命"、"文化革命"的旗号，宣称要埋葬旧的传统，争取真正的自由。游行示威者与警察发生冲突，大学生推翻汽车，砍倒大树，在巴黎大街上筑起街垒，冲突者死伤数百人。这场学生骚乱之后，紧接着是近千万工人和职员的大罢工。这场大学生"革命"的失败，意味着政治性青年运动结束，但非政治的一面，即反主流文化的潮流延续下来，影响着现代西方文化朝反对启蒙时期理性主义的方向走得很远。法国"红五月运动"的参加者中，一些加入左倾激进主义"新哲学家"的行列，例如 B. H. 莱维，他成为近代文化悲观论的代表；另一些人则加入欧洲的恐怖活动组织，例如联邦德国的巴德尔和梅因霍夫领导的恐怖小组；还有一部分成为后来的生态和平运动的参加者。

绿色和平运动：这一运动目前在欧洲大陆正方兴未艾。联邦德国的绿色运动已经成为在议会中占有席位的政党（绿党）。法国的绿色运动在制止核试验、防止污染物扩散方面曾采取多次重大行动。这一运动的思想基础既有空想社会主义，也有改良主义，但最根本的是把科学技术的发展与人类文明进步对立起来，希望重建工业社会以前的人与大自然的和谐关系。这是文化悲观主义的复古怀旧思想的典型表现。

这几种反主流文化形式表明，在西方大众文化一统天下的形势下，许多人——特别是青年一代和知识分子并不满足。娱乐消遣和物质享受使他们感到精神空虚，城市喧嚣和工业污染使他们怀恋前工业社会的田园情趣，萨特的存在主义哲学和弗洛伊德的文化观启发他们追求自我的存在感，力求摆脱来自社会的精神压抑。然而，在垄断资本主义时期，任何一个西方国家的统治者都不能容许他们有什么触犯统治阶级根本利益的政治行动，所以他们只能进行非政治化的文化斗争，若要进行政治斗争也只能是无政府主义的、恐怖主义的。这种文化斗争既无彻底胜利的希望，也无长期坚持的可能，只能按照"试了失败，失败了再试"的形式重复进行。但这种反复尝试毕竟是对主流文化的一种冲击，或者按照怀特的说法，是一种"文化向量"。意识到这种"向量"的存在，可能对认识今天西方文化发展方向，西方社会的生活方式和价值观，都是有用的。

历来人们对于反主流文化的评价，大多持全盘否定的态度。只看到其中无政府主义、虚无主义、空想主义的倾向，认为那不过是垄断资本主义制度下青年人的变态心理表现，只有破坏性，只有丑态。然而，如果把反主流文化放在整个资本主义文化的结构框架中，就应该承认，正是主流和反主流的矛盾所造就的冲突，推动了西方文化的前进和发展。年轻人对于主流文化的怀疑和反叛，那些乍看令人掩目的"街头剧表演"（据说在巴黎红五月游行队伍中，有宣传性革命的裸体男女），却仿佛向一潭死水里投下巨石，激起更多的怀疑和反思，也迫使垄断资产阶级更改他们的文化策略，而主流文化（大众文化）也正是在这几种因素同时存在和相互影响的情况下，得到发展、更新和壮大的。

2. 代沟

关于年轻一代和年长一代在行为方式、生活态度、价值观方面的差异、对立和冲突，即所谓"代沟"问题，二次大战后就引起了文化人类学家的注意。比如，杰费里·戈若在

1948年出版的《美国人：一项国民性研究》中就曾讨论过代际脱节现象，但对"代沟"问题作了最具说服力的阐释的，却是米德于1970年出版的著作《文化与承诺：一项有关代沟问题的研究》。

《文化与承诺》一书出版于以1968年的五月学潮和1969年的"伍德斯托克事件"为标志的欧美60年代青年运动刚刚退潮之际。米德提出，纷呈于当今世界的代与代之间的矛盾和冲突既不能归咎于两代人在社会地位和政治观念方面的差异，更不能归咎于两代人在生物学和心理学方面的差异，而首先应归因于文化传递方面的差异。从文化传递的方式出发，米德将整个人类文化划分为三种基本类型：前喻文化、并喻文化和后喻文化。这三种文化模式是米德创设其代沟思想的理论基石。

前喻文化，即"老年文化"，其特点是晚辈主要向长辈学习，这是一切传统社会的基本特征。在传统社会中，由于发展十分缓慢，经验就有了举足轻重的作用，而经验丰富的老人自然就成了整个社会公认的行为楷模。在这种以前喻方式为特征的文化传递过程中，年长一代传承给年轻一代的不仅是基本的生存技能，还包括他们对生活的理解、公认的生活方式和简拙的是非观念。这种前喻型文化从根本上来说排除了变革的可能，当然也就排除了年轻一代对年长一代的生活予以反叛的可能，因此，在前喻文化中是不存在代沟现象的。

　　并喻文化，是一种过渡性质的文化，它肇始于前喻文化崩溃之际，比如移民运动、科学发展、战争失败等原因。由于先前文化的中断，前辈无法再向晚辈提供符合新的环境和时代要求的全新的行为模式，晚辈就只能以在新的环境中捷足先登的同伴为自己仿效的楷模，这就产生了文化传递的并喻方式。在并喻文化中，由于年长一代不能继续引导青年前行，产生了代表新与旧两种生活方式的两代人之间最初的矛盾与冲突，但这种"代沟"现象在全球范围来看还只是局部性的。

　　通过对前喻文化和并喻文化的描述，米德创设了她的后喻文化或曰青年亚文化理论。她指出，由于二次大战以来科技革命的蓬勃发展，整个社会发生了巨大的变革，人类开始将自己熟知的世界抛在身后，生活于一个完全陌生的新时代中。这一情形和当年那些开拓新大陆的移民们的经历颇有几分相似之处。所不同的只是，如果说那些新大陆的开拓者经历的是空间的迁徙的话，那么人们今天经历的则是一场时间迁徙；如果说开拓新大陆的移民只占世界人口的一小部分，那么，今天由于时代巨变而经历时间迁徙的则是整整一代人。这就使得在时代的剧变面前，由老一代不敢舍旧和新一代唯恐失新的矛盾所酿就的两代人之间的对立与冲突成为一种全球性的现象。而要解决代与代之间的矛盾与冲突，日益落伍的年长一代就必须向代表未来的年轻一代学习。古往今来，没有任何一代能像今天的年轻一代经历这样根本的变化，同样也没有任何一代能像今天的年轻一代经历这样根本的变化，没有任何一代能像他们这样"了解、经历和吸收在他们眼前发生的如此迅猛的社会变革"，这就使得年轻一代的文化具有一种引导社会前行的作用。

3. 集团与犯罪

社会心理学的研究证明，在群体条件下人们的行为特征与个人独处时存在着相当大的差别，某一种反社会行为在集团中可能表现得特别强烈，而在分散或相对孤立的人们当中则很可能得不到发展。某些集团犯罪常常以集群行为的方式表现出来，或者说这些犯罪本身就是集群行为的结果。

集群行为是社会心理学的传统课题，它指的是那些无组织、无结构的狂热的群体行动。集群行为与犯罪的联系，早在20世纪末就被学者们所重视，西格列、勒朋等人都曾观察过一些犯罪集团的活动，指出了集群行为的重要特征，对我们来理解众多的集团犯罪现象具有重要的启发意义。

集群行为本身就是一种冲破原有社会规范的行为，因此而导致的犯罪活动在现代社会中屡见不鲜，在世界各地都时有发生，如打砸商店、焚烧汽车等等。当然并不是所有的集群行为都必然会发展成犯罪活动，但是在集群条件下由于社会控制力的减弱，其发展趋势难以把握，即使不是以破坏为目的的行动，也难免成为危害社会的力量，而且一旦形成，其波及面之广、破坏力之大是不能预料也难以控制的。

正像其他社会行为一样，在犯罪活动上也存在着遵从现象。也就是说个人因受到集团规范、集团压力的影响，屈从于集团而实施犯罪。

为什么会产生遵从性犯罪呢？其原因是多方面的。社会心理学对遵从现象研究的结果表明，在很大程度上，对偏离群体的恐惧是遵从的最重要的原因。抗拒群体就意味着对群体意愿的违背，也意味着自己将成为孤立者，这对于从属于一个群体的成员来说，是谁也不希望的，因为孤立极易受到群体其他成员各种形式的攻击或排挤。

这种群体制裁偏离者的现象，在犯罪团伙中表现得更为严重。多数犯罪团伙都有一些特殊的协定，而且要求其同伙必须严格遵守，一旦有所违背就会受到严厉制裁，这是造成巨大的集团压力的重要原因。在这样的压力面前，就使那些原本是非观念、善恶观念就不强的成员更加失去了是非标准。因此，与其团伙保持一致是最重要的头等大事，什么良心、道德、正义，在这里统统都退居到了次要地位，只要能与团伙保持一致，做什么伤天害理的事情也不会受到内心的拷问。

人类文化的发展与种系发生的物种演变有着一些明显的相

似之处。所有的文化发展都是以累积的传统为基础的，而传统的蓄积则是以那些全新的、所有动物物种都不具备的特性——尤其是抽象思维与语言文字——为基础的。这种独特的创造与使用符号的能力为人类开辟了前所未有的新天地，使人类可以将个人所获得的知识传播给同类及后代。这种人类习得的特性出现遗传是横向传播与纵向流传的结果，也由此使得人类历史上文化发展的速度比物种的种系发生速度要快得多。

虽然，无论是文化获取新知识的方法，还是文化记录新知识的方法都与物种演变的方式不同。但是，在从众多可选对象中挑出值得保存的东西的方法上，物种进化与文化发展可谓英雄所见略同，都是通过全面彻底、认真周密的检验来进行选择的。当然，这种决定文化构架与机能的选择并不像物种进化中的选择那么严厉，这是因为人类通过对大自然的不断征服，已经摆脱了一个又一个自然选择因素的制约，也由此使得文化中常常会出现一些在物种中几乎不可能出现的现象，例如所谓的"过剩文化"。也就是说，文化中有些组成部分的形式既非系统保持的成果，也并未源自更加早期的成就。人类能够比未开化的动物携带更多没有用处的累赘。

值得注意的是：常常只是"选择"这么一个因素在决定着什么可以作为传统的、"神圣的"风俗习惯、礼仪品德被纳入文化知识宝库之中，并流传给子孙后代。这样一来，在经过长期的流传之后，那些原本是通过认知和理性的探索研究而产生的发明创造也好像具有了某种宗教仪式或者说宗教的特性，关于这一点，我将在下一章再次论及。如果人们在研究一种文化的传统行为准则时不采用纵向对比的思考方法，而是把这种行为准则当作是一种新发明的话，那么，人们就无法区别出，其中有哪些行为准则是源自偶然的迷信和偏见；又有哪些行为准则源自真正的认知与发现。夸张一点来说，所有那些经历了漫长时间考验而通过文化传统流传下来的东西，终究难免会染上一丝"迷信"或是"教条"的色彩。

猛一看，这好像是因为那种人类文化中获取与传播知识的机制出现了"设计错误"，但是经过仔细的思考，人们将会发现："一旦某件事情经过一次证实，那么便会被作为真理记录下来"——这种保守的做法恰恰是这个机制最必不可少的特性，这个机制在文化发展中所承担的任务与物种进化中基因组所起的作用十分相似。继承传统知识不仅十分重要，而且比获取新的认知还要重要得多。人们必须牢牢记住，不经过专门的检验，我们绝对无法知道，作为文化传统流传下来的风俗习惯中，有哪些是多余的、过时的迷信偏见或者错误看法；又有哪些则是宝贵的文化遗产。有些行为准则的恶劣后果是显而易见的，比如婆罗洲岛和新几内亚有些部落把敌人首级割下来作为战利品就是一个例子。就这些行为而言，我们实在无法看出彻底地废除它们会对维护社会行为准则体系起到什么反作用。但是，因为社会行为准则体系几乎是所有文化的支架，是文化群体的黏合剂，因而，在缺乏对其内部组织成分之间众多的相互作用有充分认识的情况下，不能随意地、蛮横地除去其中某个组成部分，否则是极其危险的。

那种认为只有合理的东西，或者甚至说只有可以经过科学认证的东西才是真正的知识财富的学说是错误的，而且产生了负面作用。它使得一向"崇尚科学"的青年人随意地抛弃那些蕴藏在古老文化传统以及宗教教义中的巨大的知识与智慧财富。此外，谁要是认为所有这些传统的智慧和知识都是毫无意义的，那么他就会自然而然地走向另一个极端，产生另一种同样有害的错误信念。他会坚信，一切与文化有关的事情都理所当然可以通过科学用合理的方式凭空制造出来。可以说，这种想法与那种认为用我们的知识足以通过改变基因而任意提高人的素质的想法同样愚蠢。一种文化蕴含着许多不断完善的、通过自然选择获得的知识。如同人类可以认知一种动物物种却不能"创造"它一样，文化也同样无法制造。

无论是这种对非理性的文化知识财富的过分低估，还是那种认为人类借助于理性就能够自立的过分高估，都不可能令我们的文化毁灭，甚至谈不上有什么决定意义。因而，我们没有理由去自以为是地进行宣传，号召人们仇视或抵制各种流传下来的传统习俗。这种宣传所起的作用充其量与生物学家对老农妇所起的作用差不多——老农妇仍会信誓旦旦地向他保证，锯木沾上了尿便会长出跳蚤。大部分当代青年在对待父母的态度中含有过多自负的轻视成分，却没有一丝宽容之心。当代青年的变革是仇恨的结果，而且是所有仇恨情感中最危险也最难克服的一种，近似于"民族仇恨"。换句话说，叛逆的青年对古老传统所作出的反应与一种文化团体或者一个"种族"对陌生的敌对种族的反应方式相同。

艾瑞克森（Erikson）首次指出了独立的种群之间在文化发展中所出现的分歧与亚种、种以及属在其种系发生史上所经历的分歧极其相似，他称之为"伪物种"（Pseudo-Speciation）。这些在文化发展史中形成的仪式化行为及其准则一方面将大大小小的文化组成部分集合在一起，另一方面又使它们彼此脱离。一种特别的"行为举止"，一种特殊的种群方言，一种特殊的衣着方式等等都可能是某一个群体的象征，就如同对待自己的亲朋好友一样，这种象征受到该群体的热爱与捍卫。正如我于1967年在另外一个地方阐述过的，伴随着对自己群体的所有象征的极度尊重而来的，便是对其他与自己不同的文化群体的贬低。两种群体的发展出现分离的时间越长，差别就越大。人们也可以从中重建一条新的发展之路，其方式就同汲取动物物种的不同特征一样。同时，可以肯定的是，那些传播度最广、内容最为统一的特征一定比较古老。

每个故步自封、极端局限的文化群体都易于把自己看成是特殊的物种，这是因为他们不把其他群体的成员视作是完整的人类。例如，在许多土著语言中都把自己的种群简单地描述成"人"，因此，打死其他种族的成员并不算是真正的谋杀！这种"伪物种"的结论是极其危险的，它可以使他们大大消除杀死同胞的顾虑，而与此同时，由同种生物——并且只有同种生物——才能招致的物种内部特有的侵略依旧在起作用。人们对"敌人"大发雷霆，这种愤怒只存在人与人之间，人对动物是不会发火的——即便是最凶恶的食肉动物。人们可以平心静气、从容不迫地朝"敌人"开枪，因为反正对方不算真正的人类。助长这种观点是所有战争煽动者惯用的伎俩，而且屡试不爽。

令人不安与担忧的是，当今青年一代开始直截了当地把年纪大一点的长辈当作一种陌生的"伪物种"来对待了，这种现象可以从社会上冒出的各种各样征兆中看出。在相互竞争的种群以及敌对的种群之间经常会以突出的方式来有意显示自己的特殊之处。比如，他们十分注重穿着具有民族风情、地方色彩或某一时期特有的服装，或者是与众不同的奇装异服，甚至为了突显自己的不同而去创造奇特。在欧洲中部，具有地方色彩的农民服装早已消失了，只有匈牙利的许多地方还完整地保持着这一传统服饰，而那些地方正是匈牙利族村庄与斯拉夫族村庄紧密相邻的区域。在那里，人们骄傲地身着民族服装并且毫不含糊地故意表现出对其他种族成员的敌意。许多叛逆青年自己组建的团体也有同样的举动，而非常令人吃惊的是，除了宣称反对一切与军事有关的事物之处，他们那种迫切的"制服化"欲望已经得到了充分的满足。那些形形色色的团体"嬉皮士"、"披头士"、"摇滚者"等等无不如此，"行家们"从其服装上就可以辨认出来其所属团体。

在风俗习惯方面，叛逆青年也同样极力寻求与父辈们保持距离，但并非简单地通过对传统行为置之不理，而是注意到传统中每一个最小的细节然后采取与之完全相反的做法。这也可以用来解释，为何那些看起来性能力有些低下的人常常会出现性放荡。同样，仅仅从冲破父母亲禁令这种强烈的愿望就可以解释，为何叛逆的大学生会在公共场合排泄（在维也纳大学就发生过这样的事）。然而，对于所有这些异乎寻常的、稀奇古怪的行为所产生的动因，那里"涉案"的青年人自己却毫无所知，而是为自己的行为举止找了个最不相干的、但听起来却颇具说服力的借口：他们这么做是为了抗议其有钱的父母对贫穷饥饿的人的冷酷无情；抗议越战；抗议大学有关当局的专横武断；反对所有在社会上具有影响的阶层等等。事实上，这种对长辈的抨击是相当盲目且随意的，与所谓的政治信仰毫不相干，最左倾的教授所受到的来自左倾学生的责骂并不比右倾的教授要少。有一次，马尔库塞（H.Marcuse）受到了龚本第（Cohn-Bendit）领导的大学生最恶劣最粗野的责骂并且遭到了指控，他被指控接受了CIA[①]的支票。这种抨击的起因并非是因为他属于另外一个党派，而仅仅是因为他属于另外一代人而已。

而同样无知与感情用事的老一代人把这种所谓的抗议理解成确有其事，理解成充满仇恨的宣战书与侮辱，于是代与代之间的仇恨便被迅速地、危险地扩大与升级。正如所说过的，这种仇恨与不同种族之间的仇恨——或者说"民族仇恨"在本质上是相似的。甚至连我自己——身为一名专业的行为学家——都很难不对龚本第身上穿的那件漂亮的蓝色衬衫产生某种气愤的反应。其实，人们只要观察一下这类人的面部表情就可以得知，这种反应是必然会发生的。所有这些都使得两代人之间取得相互理解的前景变得极其暗淡。

在我关于《攻击的秘密》那本书（1963年）以及在一些公开的报告会（1968年和1969年）中，我都曾谈及了找

---

① 美国中央情报局的简称。——编者注

寻代沟种系发生原因的途径，因此在这里我就尽可能少谈一些。可以说，所有上述这些现象都是由于发展过程中的机能障碍所造成的，这种障碍通常出现在人类的青春期。在这个阶段，青年人开始离开父母家，即开始脱离传统，并对其进行批判。他们环顾四周，寻求新的观点、想法，寻找可以加入的新团体并把团体的事情当成自己的事情。为好事情而奋斗——这种本能的愿望对于目标选择来说是起决定作用的，尤其是对于年轻男人而言。在这个阶段，那些传统事物看起来都很无聊，而所有的新鲜事物则富有魅力，人们可以称之为是"生理嗜新症"。

毫无疑问，"生理嗜新症"这种事情有着很高的物种保持价值，因此它被编制到人类先天固定行为模式中，其功能在于，它赋予了那过于僵化呆板的传统文化行为准则一些适应能力。就好比甲壳纲类动物的蜕皮行为一样，为了成长就必须抛弃僵硬的外壳，所有固定的组织结构也是如此，要想"流芳百世"，就必须用失去某些"自由度"作为代价。要实现结构的转换，就必须拆除旧框架。当然，危险是难免的，因为在除旧建新的过程中必定会有一个动荡的、无防卫能力的时期。在这一点上，正在蜕皮的甲壳纲类动物与处于青春期的人类是颇为相似的。

一般来说，紧接在生理嗜新期之后的便是传统之爱的复活。这种复活可能是非常渐近的，大多数老年人都可以为此作证。在60岁时，一个人对父亲的许多观点的评价一定比18岁时所作的评价要高得多，米契里奇（A. Mitscherlich）称这种现象为"迟到的顺从"，可谓一语中的。这种系统发育的"嗜新症"与"迟到的顺从"一起构成了一个体系，其系统保持成果在于：它将传统文化中那些明显过时的、陈旧不堪的、不利于新发展的因素淘汰掉；与此同时，仍将那些重要的、不可缺少的组织结构继续保存下去。这个系统的功能难免会依赖于许多外部因素与内部因素的协调与和谐，所以它极易受到干扰。环境因素以及先天条件的限制都可能会对发展造成阻碍，而这些障碍出现的时期不同，所造成的后果也大不相同。如果一个人在婴儿早期阶段出现发育停滞状况，那么就可能导致父母亲的责任持续时间很长，或者说这样的人会长期依赖父母，并且会完全固守老一代的传统。他们很难与同龄人和睦相处，并且常常会变成性格怪异的人。而如果这种固执的嗜新状态是非生理性的，那么就会导致非常独特的、对父母耿耿于怀的怨恨，甚至会对早已过世的父母也抱有怨恨。这类人也会形成一些古怪的习惯，这两种现象都是心理分析学家们所早已熟悉的。

此外，导致代与代之间仇恨与"战争"的失常还有其他的起因，主要有两种。首先，这些传统文化遗产经过一代又一代的累积之后，为适应现代社会的要求而必须进行的变革也越来越多。在亚伯拉罕时代，儿子对从父母那里吸取的行为准则的改动极其细微，正如托马斯·曼在其精彩的心理小说《约瑟夫和他的兄弟们》（*Joseph und seine Brüder*）一书中令人叹服的描述：在以前的年代中，有些人的性格特点与其父如出一辙，难以区分。这种现象可谓是"自居作用"最完美的表现。科技的进步促进着文化的发展，这种由工艺强加于当代文化上的发展速度也产生了一个后果，它使得每个时代所拥有的传统财富中都有相当大的部分是有理由被青年人批评为陈腐过时的。此外，前面所论及的那种错误学说，即人类可以随意地、合理地凭空变出一种新文化，也会导致一种完全疯狂的推论：为了"创造"新文化，最好将父母亲的文化全盘否定。也许人类的确可以这么做，但是有个前提——只能从克罗马努人①之前的人类重新开始！

"把父母连同洗澡水一起倒掉——不分好坏一概否定"——这种被当代青年视作绝对正确的奋斗目标还有一些其他的起因。在人类的技术化不断取得进展的过程中，家庭结构也出现了变化，这种种变化无一例外地都在促使父母与子女之间的联系进一步减弱，甚至在孩子尚处于婴儿时期就

---

① 1868年在法国的克罗马努洞窟中发现的人类遗迹，表明距今1.5万年前已出现了与现代人类相仿的人种。——编者注

开始了，因为现代的母亲再也不可能把全部时间都用于孩子身上了，或多或少地都产生了雷诺·史毕兹（Rene Spitz）所称的"住院现象"，其最恶劣的征兆就是一种严重的或是不可逆的人际交往能力减弱。而随着人类同情心的日趋减弱，这种现象的后果也日趋严重与危险。

当孩子进入了青少年时期之后，"父亲"这个榜样的失去是非常明显的现象，尤其是对男孩子而言。除了农民或手工业者的家庭之外，当代的青少年很少能看到父亲工作的情景，更没有机会帮父亲一起干活，因而对男人的优势也没有什么深刻的认识。在原始社会，等级结构的存在使得"老男人"可以获得晚辈的尊敬。而在现代的小家庭中缺乏等级排序，一个5岁的孩子绝对不可能直接地对其40岁的父亲所拥有的优点作出判断，而一个10岁孩子的力量却可能使他敬佩不已。他能理解10岁哥哥对另外一个15岁哥哥所表示的崇拜，并且当他看到那位15岁的哥哥——这个年龄的孩子已经有足够的智慧去认可长者在思想上的优势——对长辈非常尊重时，他便会直觉地作出正确的判断。

对等级优势的认可并不是爱的阻碍。记忆会告诉每一个人，他小的时候对自己所敬仰的人、对自己一贯服从的人的爱不仅不比对同等级人（同龄人）或次等级人（低龄人）的爱少，反而还要更多一点。我有一位英年早逝的朋友，他叫伊曼纽尔·拉·罗奇（Emmanuel la Roche），比我大4岁。当时，他是我们那群10到16岁的野孩子们公认的头头，他对我们行使着公正合理但也很严厉的统治权利。我还清楚地记得，我当时对他的情感中不仅有钦佩——这是他通过自己勇敢的行动所赢得的承认与赞赏，而且有爱——这种情感显然与我后来向某些非常可敬的老朋友以及老师所表达出的情感具有相同的含义。伪民主学说最不负责任的行为之一便是，它把两个人之间存在的一种与生俱来的、正常的等级次序说成是一种障碍物，认为它会阻挠与挫败所有温暖的情感。然而，他们却不曾想过，如果没有等级次序，甚至连这种最天然、最朴素的人类之爱也不会产生，因为在通常情况下，人类之爱的作用就在于把一个家庭的成员紧密地联系在一起。

"无挫折"教育使得孩子变成了不幸的神经官能症患者。正如我在一些著作中所阐述的，如果一个孩子生活在一个缺乏等级的团体中，那么其处境绝对是不自然的、反常的，对他的身心发育十分不利。因为，他无法把自己与生俱来的、已经编制到基因程序的对更高等级的渴望与追求强行抑制下去，理所当然便会像小霸王似的去折磨其毫无抵抗力的父母亲。

既然是团体，当然需要一个"领导"；既然长辈放弃行使这个权利，那么孩子只好把自己设想成家庭这个小团体的队长，被迫去扮演这个他一点也不喜欢的角色。在这样一个到处充满敌意的世界，没有一个较为强壮有力的"上级"，孩子会没有安全感，因为没有一个地方会喜欢"无挫折的孩子"。于是，在激怒与烦闷中，孩子理所当然地开始向父母亲发出挑衅，"乞求挨打"——这句在巴伐利亚和奥地利流行的说法实在太形象了。然而，他的挑战却没有得到任何本能所预期的、潜意识所渴望的"反侵略"回应，而是像撞在一个橡胶墙上——这面橡胶墙是由长辈们那些静态的、似是而非的空洞言辞所组成的。

没有人愿意和一个不独立的、性格懦弱、意志薄弱的人打交道，也没有人会心甘情愿受行为准则的约束，更没有人愿意把这些"弱者"敬仰的东西视之为一种文化价值。只有当人从灵魂深处真正爱上了另一个人，并且同时非常敬仰与崇拜他的时候，才能够把他的文化传统变成自己的。然而，对于绝大多数正在觉醒的当代青年人而言，他们显然缺少这样一个"父亲形象"。亲生父亲经常不能起到应有的作用，而中小学校以及大学这些群集场所又总是阻止某些可敬的老师来替代父亲这个角色，这实在是一种遗憾。当然，对父母亲文化传统的拒绝，除了有上述这些纯粹的人种学因素之外，对于许多聪明能干、理解力和判断力都很强的青少年而言，还有一些典型的伦理道德上的因素。在我们现代西方文化中，存在着种种不利因素，例如：个性特征丧失，大自然遭到破坏，自我竞争造成价值观的扭曲以及对金钱的贪婪追求、令人吃惊的情感冷漠以及可灌输性造成的愚昧无知等等，所有这些都使得我们文化中的"非模仿价值"特征真可谓是显而易见、一目了然，也因此导致了我们文化中所蕴含的深刻真理内涵与智慧太容易被忽视被忘却了。坦率地说，青年人也的确有无可辩驳的合理理由向社会上所有"具有影响的阶层"宣战。然而与此同时，我们也很难想象，在这些叛逆的青年以及大学生中有多少人真正是出于对上述这些负面文化现象的不满而向社会与长辈挑战的。事实上，从那些公开的争论与辩解中所推断出的真实情况来看，这些挑战显然是由完全不同的、人的本能驱力所引起的，在这些驱力中，种族仇恨无疑是占据第一位的。遗憾的是，这些爱动脑筋的并且总是习惯用合理的动机来处理事情的青年人不够残暴，所以使得这种反抗的外在形象主要呈现出一种神经机能退化的症状。与此同时，由于对"忠诚"、"正直"的错误理解，又使得那些头脑保持冷静理智的青年人无法与那些冲动行为保持距离。在与大学生的讨论中，我深深地感觉到，他们完全不像人们从叛逆青年的外在形象所推测出的那样缺乏理智。

　　然而，人们在思考这类问题的时候也不能忘记，理性的思考与权衡，或曰理智，只是一种很微弱的驱力，它的力量与那些天然造就的、不可抗拒且无法驾驭的自然之力相比实在太微不足道了，而侵略行为之中所蕴藏的恰恰正是这种自然力。人们更不应该忘记那些由于青年人彻底抛弃父母亲的传统所引起的不良后果，而这些后果本来是可以消除的。在"生理嗜新症"阶段，处在青春期的年轻人被一种巨大的、动人心魄的欲望所控制。他渴望加入一个小团体，特别希望能够参与他们的集体性侵略行为。这种欲望与其他任何一种种系发生的、已经编入我们的基因程序中的本能驱力一样强烈，与饥饿或者性欲一样威力无穷。认知与学习过程至多只能让人把自己的性冲动固定在一个特定的对象身上而已，但绝不可能使自己完全受控于理性或者干脆把自己的一切欲望都压制下去，青春期的那种冲动也同样如此。甚至可以说，要是谁看起来真的成功克制了自己的欲望，恐怕他就有患上"神经官能症"的危险了。

如果换个角度来看，这种"生理嗜新症"在个体发育阶段是完全"正常的"，也就是说，它非常有利于一种文化的系统保持。例如，一个小团体的年轻人可以为了一个新的理想聚集在一起，对传统行为准则进行相应的彻底改革，而不是把所有传统文化遗产统统抛弃。年轻人总是毫不犹豫地加入到一种弘扬古老文化的新式团体中去，这是由人类这种天生的文化生物的深刻本性所导致的。人只有在一种文化中，并借助此种文化才能找到一种完全令人满意的认同感。如果由于上述种种障碍而无法达到这一目的，那么他用来满足自己对"认同作用"和"团体归属"的欲望的唯一途径，便是转向一个"替代物"——如同人类在性欲得不到满足时的做法一样。把聚集的欲望发泄到极其不恰当的对象上——这种轻率盲目是本能研究领域早已发现并熟知的现象，然而尽管如此，却几乎没有一个使人印象深刻的、令人难忘的例子可以供他们在选择对象时参考——这是那些渴求群体归属的年轻人常常遇到的问题。"什么都比没有团体可归属要好"——即便这个集团是在所有的团体中最可悲的吸毒集团。

依塞（Aristide Esser）是研究青年犯罪这个领域的专家，他曾指出，除了无聊、寂寞与烦闷（即第五章中所论及的现象）之外，驱使越来越多的年轻人开始吸毒的另一个重要原因便是对团体归属的渴望。在那些缺乏可加入的团体的地方，年轻人总是能够"度身定做"来创建一个团体。正如那部著名的音乐片《西部故事》（*West Side Story*）中所描述的情景，那些青年犯罪团伙是在以高度概括的简单方式体现着种族团体的种系发育程序，遗憾的是，没有一种现成的传统文化是属于非病态团体的。正如音乐剧中所描述的，在一个地方常常会同时"创建"两个小集团——没有别的目的，只是想为集团侵略提供合适的对象而已。英国的"Mods and Rockers"——如果它还存在的话——便是一个典型的例子。退一步说，比起汉堡的Rocker集团，这种带有侵略性的双组形式倒是更让人容易忍受一些，因为后者居然把袭击手无寸铁、毫无抵抗能力的白发老人作为终身事业。

激动的情绪、兴奋的感官阻碍着理智的发挥，用医学术语来说就是下丘脑阻滞皮层。没有什么能比不断形成的感情冲动更适合于集团的种族仇恨，这一点我们已经从民族仇恨中得到足够深刻的认识了。人们必须清楚地认识到，青年一代对上一代的仇恨也来自同样的源泉。仇恨的作用比眼盲耳聋还要糟糕得多，它把人们力求传递和表达的每种信息都加以伪造、扭曲、颠倒黑白。一直以来，人们总是想给叛逆青年一些劝告，希望能够借此阻止他们摧毁属于他们自己的最重要的精神财富。然而，所有这些劝告都被预言为阴险的、奸诈的"企图"，是对可恶的"统治阶层"的支持。仇恨不仅使人盲目、不辨是非、听不进去不同意见，还使人变得极端愚蠢。所以，要让那些恨我们的人相信我们的善行不会伤及他们是很难的；要使他们理解，那些在文化发展中形成的事物与在种系发生中所形成的事物一样，同样不可代替，同样值得尊重，这也是很难的；要使他们明白，文化就像烛光一样想要熄灭，同样是很难的。

◉ 注解

1. 文化

文化可以说是人所特有的生活活动方式，它存在于人们日常活动的一切环节之中，体现了人与人之间，人与周围环境之间各种不同关系和联系。它既以物质生产和精神生产的方式和成果的具体形式表现出来，也在社会体制、惯例、习俗、传统以及生活方式和价值取向这些抽象形式中得到体现。文化既有人类的一般共性，也有历史的、社会的、阶级的特殊性。

但文化并不是无形的、不可捉摸的东西，它有着具体丰富的实体内容。文化的实体要素有：

（1）物质生产的文化财富，例如各种文物、劳动工具、生活用品、桥梁建筑、交通工具等。我们感兴趣的不是实物本身，而是其中体现的人们的观念和爱好、工艺和技能以及人们支配自然所达到的水平。这就是"穿着实物外衣的文化"。

（2）精神生产的文化财富，即具有认识、美学、伦理道德价值的科学、文学、艺术作品及其活动。

（3）文化规范，即反映社会关系并调节社会活动的法典法律、道德准则、纪律规约和行为标准。

（4）文化习俗，即反映一个民族或种族的心理特点和文化传统的风俗习惯、宗教仪式、礼仪礼节和生活方式。

文化处于不断产生、传播、交流、继承和消费的过程中，这就像社会物质生活的再生产、交换和消费过程一样。因此，任何社会都有一套相应的文化机构，如出版单位、传媒机构、教育体系、文艺团体、影视行业以及教会寺庙等。除了这些专门的文化机构外，某些社会组织形式（如家庭）也对文化的传播和继承起到促进作用。文化通过这些机构组织，实现多种社会职能。

2. 风俗

指的是大部分社会成员一致沿袭的某些行为规则，例如中国人欢度春节、结婚闹新房、某些民族的禁忌等。风俗的多样性，是以人们所处的自然环境、社会环境的差异性为基础的。人们往往将由自然条件的不同而造成的行为规则差异称为风，而将由社会文化的不同而造成的行为规则差异称为俗，所谓"百里不同风，千里不同俗"正反映了风俗因地而异的特点。风俗是一种社会传统，由于历史的变迁，其中往往会出现一些不合时宜的成分，但作为一种由来已久的社会规范，它对许多社会成员的行为，仍产生一定的制约作用。

3. 自居作用

又译作"认同作用"。被看作是个体出于一定的动机有选择地模仿别人某些特点的防御机制。一个人无意识地模仿或主张他所崇拜或羡慕的对象的某些特点，就是认同作用的表现。

第八章

可灌输性

　　美国行为心理学家华生声称，如果环境可以控制，给他若干健康的婴儿，他就可以把他们变成任何一类人，无论是伟人或是强盗。这便是人的可灌输性。现代社会的大众传媒、商品广告以及对时尚潮流的追逐，更强化了人们的可灌输性。科学对"时尚"的易感受性则更是危险。人口爆炸产生了无法避免的"个性丧失"与"一致性"；对大自然的疏远使人失去了"崇敬"的功能；人类的功利主义思想使得自身的商业竞争把手段当成目的；情感冷漠现象更不容忽视。所有这一切都可在科学领域的非人性化现象中找到踪影，这些文化疾病便是产生这些现象的根源而非结果。

背景知识

1. 行为主义学说

从19世纪中叶起，心理学一直在为它能够脱离哲学，并在科学界取得合法的一席之地而努力着。20世纪初，这种态度在美国人华生那里达到了一种高潮。当时科学的楷模是物理学和化学。在这些领域，科学家能够寻找出"普遍性"规律，并通过对基本过程的还原分析，预测物理化学现象。而在心理学中，甚至对什么是研究对象，不同的心理学也有不同的看法。华生由此称，心理学应该向自然科学看齐，研究明显可见的外在行为，而放弃研究谁也说不清楚的意识、体验、动机、意志等现象。他们将一切对人的影响力量（外部环境与内在状态）统称为"刺激"，把人对这些刺激的应答行为称之为"反应"。他们认为心理学无须考虑人的内心发生了什么，只要研究输入的刺激与输出的反应之间的关系即可。他甚至将思维归结为无声的言语行为，将情绪归结为内分泌腺的活动，完全否定了人的主观世界。

华生对俄国生理学家巴甫洛夫的条件反射研究非常推崇，认为它表达了行为主义的基本特点。条件反射是指人们在动物先天反射的基础上（例如狗对食物的唾液分泌反射），用与先天反射的刺激物（食物）同时呈现，而使无关刺激物获得引起先天反射的价值或作用。华生曾经将小动物与大声（引起儿童先天性防御反射的无条件刺激物）成对呈现，造成儿童对毛茸茸的物体的恐惧性反应。华生认为，从根本机制上，正是这种环境事件对行为的联想性影响使人形成了对不同事物的不同反射，而人们只要控制环境事件，就可以塑造出不同的人。这种巴甫洛夫式的研究通常被称为经典性条件反射理论。

第一个使行为主义的社会心理学观点广泛运用于社会并对大众生活形成影响的，是伯尔赫斯·斯金纳。斯金纳的立场是极端的环境主义，并且具有明显的反理论倾向。他指出，环境刺激和强化作用之于人的行为的决定性意义和特有作用方式，给我们指明了一条科学而严格的描述和控制人类行为的道路，它与千百年来人类所沉迷的那种内在人性论解释完全相反。

在斯金纳看来，造成自然科学与人文科学的历史发展如此悬殊的根本原因，在于人类自我认识长期局限于一种"心灵主义"的误区，没有建立真正的"行为科学"。所谓"心灵主义"，是指传统的人文科学在研究人类现象（与物理现象的区别）时，总是忽略人的外在经验行为，偏执于人的内在主观因素（欲望、意识、情感、人格、内在目的、意志等等），由此使人分离为内与外两重存在，并把内在人视为最终决定人之行为的"自主人"（Autonomousman）。仿佛只有这样，才能证明人之于其他存在物的高贵与尊严，才能保证人的绝对自由创造，才能符合人自身充当世界主人的愿望。因此，斯金纳认为，要根本改变社会科学和人文科学的停滞状态，特别要使人自身的研究进入科学的范畴，必须改变传统的人文科学的方法，取消"自主人"的概念，建立科学的行为技术。

但是，斯金纳的行为技术学却面临着一个严重的问题：受制于环境决定技术控制的人究竟是自由价值的主人，还是其奴隶？其人性何在？又如何解释人的价值行为和道德行为？这是他必须要回答的问题，也是其行为技术伦理的中心问题。

2. 时尚

公众作为现代社会中一种独特的组织群体，其共同的社会心态（包括观念、行为和情绪），主要是通过凭借大众传播和人际沟通而发生的相互间的暗示、模仿和感染而形成的。正是从这个意义上，我们说暗示、模仿、感染是形成社会生活中人的心理，从而也是公众心理的三大原质。唯一特殊的地方是，对面临着共同事件的公众来说，暗示、模仿、感染这些基本的心理影响机制是通过公众之间的间接接触而发挥作用的。暗示是观念的传播，模仿是行为的传播，而感染则是情绪的传播。

时尚与恐慌是两种基本的社会心理现象，因此也是我们考察公众心理与行为所必须涉及的课题。在大众传播十分发达和普及的现代社会中，时尚和恐慌由于受着传播媒介的影响，表现得比传统社会更为迅速和引人注目。单从社会状态与时尚和恐慌的暗示来看，可以说，时尚是公众在正常状态下的一种行为表现方式，而恐慌则是公众在非正常状态（或曰危机状态）下的一种行为表现方式。

时尚是在社会生活中或在公众内部产生的一种非常规行为模式的流行现象，它通过社会成员或公众对某一事物的崇尚追求，达到身心等多方面的满足。在某一时尚所及的社会或群体之中，人们对时尚的追求足以导致出现一致性行为的心态。

具体说来，时尚具有这样一些特征：（1）它表现出的是对某种行为模式的遵从和追求。时尚涉及的范围极广，从当代的社会生活来看，就有流行语、流行色、流行歌曲、流行服装、流行舞、流行健美方式以及流行动作等。（2）体现时尚的某种行为模式是为相当一部分人所追求的，起码是为某一类人中的大多数所追求的。（3）时尚有着明显的时间或时代特征。一种社会风尚在流行之后，既有可能被淘汰，也有可能被保存下来，成为一个社会或民族的习惯与传统。

3. 科学理论与假说

所谓科学假说，就是科学家根据已知的科学原理和科学事实，对未知现象及其规律所作的一种推测性说明。它是科学理论思维的初级形态。科学假说具有科学性和猜测性的双重特点，是科学性和猜测性的统一。

首先，科学假说的立论根据和陈述内容具有一定的科学性，这是科学假说区别于幻想神话之类的基本点。虽然科学假说不排斥富有启发的幻想和大胆想象，但想象并不等同于科学假说。有些科学假说即便后来被证伪，但在科学认识过程中它们仍然是起过一定作用的科学假说。而不具内在科学根据的幻想和神话即使在今天成了现实，它们也不能成为科学假说，它们只是表达了人类征服自然的一种愿望，而不能成为人们认识自然的一个阶梯。

其次，由于科学假说是在有限的科学事实基础上，根据原有的科学原理提出的，所以带有一定的猜测性，而这种猜测性正是以后进一步观察和实验需要努力予以清除的对象。在实践检验过程中，科学假说可能遇到两种结果：假说随同其猜测性的清除而被抛弃，或是被修正，以新的科学假说面貌出现来接受进一步实践检验，进而过渡到科学理论。

我的老师海因洛特是一位伟大的自然科学研究者，同时又是一位人文科学的讽刺大家。他常常说："人们所想的常常是错误的；人们所知道的，往往是正确的。"这句简简单单、毫无"认识论"高深理论的话语却精彩无比地表达出人类所有知识的形成与发展过程。首先，人们展开"想象"；然后把想象与经验以及进一步获取的感官数据作比较，看看两者的结果是否一致，并由此推断人们的"想象"是正确的还是不正确的。而下面这种比较，即把一种在有机体内部通过各种各样的方式所形成的内部规则与另一种在外部世界通行的规则进行比较，也许应该算是一个有生命的有机物赖以成功获取认知的最重要手段。波普尔（Karl Popper）和坎贝尔（Donald Campbell）称这种方法为："模式匹配"（Pattern matching）。

从原则上来说，这种认知过程是普遍有效的，即便是最基础、最简单的知识都是通过同样的方式获得的，在感知生理学领域到处都可见到它的踪影。而在人的意识思维中，所采用的比较形式则是猜测与证实。在人们的猜测与想象中，有许多事情在经过实例检验后被证明是错误的。但是，如果这种想象经受住了一而再、再而三的考验，那么人们就对它有了认知。在科学界，人们称这种认知过程为"提出假说"以及"验证"。

　　遗憾的是，认知的这两个步骤之间很难区别开来，而第二个步骤的结果又绝非我的导师海因洛特所说的那么明确。"假说"就好像是"认知"这座建筑物的脚手架，"业主"从一开始就明白，随着工作取得进展，预定计划逐步实现，便会将脚手架重新拆除掉。假说只是一个暂时性的假设而已，只有当实践中有可能找到相应的事实来驳倒它时，假设才谈得上真正有意义。如果一个"假说"不足以以假乱真，那么它也是不可证实的，也不必为此去进行什么实验研究了。每一位假说提出者都必须感谢那些"反对派"，那些提出新的方法来证明其假说不充分的人。因为，只有在假说能够驳倒所有反面论据的情况下，假说才能够成立。其实，每位自然科学工作者的工作都是在寻找某种对假说的证实，因此人们也常常谈及"工作假说"。而所提供的可证实的机会越多，这样的"工作假说"就越有必要，也就是说，能够提供出的事实——即可以用来验证假说的事实——越多，假说正确的概率就越大。

在认知论领域存在着一种流传很广的错误学说，认为只要能够证明某一个或者极少的实例与假说不合，那么就可以彻底地驳倒假说。如果这样的话，那么可以说，所有成立的假说都可以被驳倒，因为几乎没有一个假说能够考虑到所有相关的事实。我们所有的认知都只是"近似"那些我们力求了解的客观现实而已。当然，这是一种不断取得进展的"近似"，一个假说绝对不会被某一个与之矛盾的事实所驳倒，而总是被另外一个假说，一个能够比自己适应更多事实、拥有更多论据的假说所驳倒。因此，"真理"只是这样一种工作假说，它最适宜于开辟一条道路通向另外一个假说——一个可以解释更多客观事实的假说。

然而，这个在理论上无可置疑的事实却不能使我们的思想与感觉屈服。尽管我们不断地提醒自己要记住，我们所有的知识，所有那些由感觉、知觉传递给我们的关于客观事实的认知只是一幅高度简化的、与现有事物近似的图像而已，但是我们却仍然无法阻止自己把某些事情视作是真实的、理所应当的，并且坚信这些知识是绝对正确的。

如果人们从心理学，尤其是现象学的角度来认真仔细地思考与研究一下，就会发现，这种信念与一种"信仰"从字面意义上来说是可以相提并论的。如果自然科学工作者能够将一种"假说"证实是一种名副其实的"理论"，并且这种理论已经进展到这样的程度：只能通过附加条件来对其进行补充，而不能改变其基本特征，那么我们就"几乎"可以"相信"这种理论了。这种"信仰"也不会产生其他的弊端，因为，即使人们可以证明，这种理论的适用范围不如人们提出该理论时所想象的那么广泛，但是，这种"自成一体"的理论在其适用范围内仍然是"真理"。这种情况也适用于整个古典物理领域，例如，尽管古典物理的适用领域受到了量子理论的限制，但是从真正意义上来说，古典物理依然是不容反驳的。

如同相信力学理论一样，我"相信"一系列比较准确可信的理论。例如，我相信所谓的"哥白尼宇宙体系"是正确的，但我仍然会对其中一些内容极其惊讶；比如他居然认为，臭名昭著的空心论应该可以被证实是正确的；再例如，正如托勒密时代的人们所认为的，行星是以奇特的周转圆方式在天花板上徐徐行进的。

但是，也存在这样一些事情，我像相信已被证实的理论一样相信它们，尽管没有丝毫的证据可以证明，我的相信是正确的。例如，我相信，宇宙受到一系列独特的、彼此之间互不矛盾的自然法则所操控，而且这些自然法则是永远不可违反的。对于我个人而言，这种信念像一个公理一样具有十分明确的性质，它排斥一切不自然的事情，换句话说，我认为所有那些由心灵学家、招魂论者描述的现象都是自欺欺人的。实际上，我的这种看法是完全没有科学根据的，因为非自然事件一则数量少，二则规模小，而且我从未真的看见过这一类的事情，所以我当然没有资格去发表什么见解来说明其存在与否。我一向公开承认，我个人真正的宗教信仰就是：伟大的奇迹只能是独一无二的，或者套用一句哲学诗人库尔德·拉斯维茨（Curd Lasswitz）所说的话——"上帝没有必要去创造奇迹"。

我说过，在现象学上，这种信念——无论是有科学根据的还是仅凭直感的——与信仰是一样的。为了给自己的知识追求赋予一个看起来很坚实的基础，人类只好把某些事实假定为固定不变的，并且将自己的推论当作阿基米德论点"强加于"这些事情上。在提出假说的时候，人们故意虚构这样一种假说的可靠性，而人们之所以假设它是真实的，只是为了看看究竟会得出什么结果。人们对这些虚构的假说相信的时间越长，同时这个假设的体系本身又没有因为出现矛盾而瓦解，那么根据相互说明原则，这个原本很大胆的假说就越有可能成立。

假说的采纳，即假定某些事物是真的，是人类不可缺少的求知方法之一，同时它也属于人类科学研究的动机前提之一。人们希望这个假说是真实的，是正确的。相比之下，只有相当少的自然科学研究者更喜欢用"排除法"来取得工作上的进展，他们通过实验排除了一个又一个用来对某一事实加以解释的途径，直到剩下最后一个途径，由此认定它应该具有某种真理。我们必须意识到，我们大多数人都热爱假说，但是，正如我曾说过的，抛弃一个最可爱的假说就像一种虽然令人痛苦、但却能使人保持年轻与健康的体操练习，这个练习每天必做，几乎已成为固定的晨练项目了。当然，特定时期也有助于人们去"爱"一个假说，在这样一个时期，这种假说受到支持。思维习惯也和其他任何习惯一样，很容易变成"心爱的"习惯，而当这种习惯不是由人们自己养成的，而是从某位伟大的、值得尊敬的老师那儿"继承"来的时候，就更会如此了。再者如果这位老师是某种新理论的发现者，而且他又有许多学生的话，那么除了这种依附性之外，还会随之出现一种"群体作用"，即促使许多人共有一个"见解"。

　　所有这些现象本身不但不算糟糕，而且还有其合理性。如果一项科研工作在进行多年之后，依然没有出现与假说相矛盾的事实，那么这项"工作假说"成功的可能性就增加了，因为相互说明这个法则的效用是随着时间的增加而增加的。同样，认真对待一位有责任心的老师的话也是合理的，因为一位这样的老师总是以特别严格的标准来审视与衡量所有那些由自己传播给学生的知识，或者，他会非常强调地指出自己所说的只是一种假说。同时，一位这样的人总是会经过深刻严谨的思考，才会认为自己的某个理论已经足够成熟，可以作为"教科书"了。此外，即使人们通过传播来使自己的观点得到别人的支持，也没有什么可谴责的，因为四只眼睛总是比两只眼睛看得更多更全。而且，如果别人能从另外一种归纳法基础出发来解释同一种现象，并且成功地得出了相同的结论，那不正好为自己的假说提供了一个确凿的证明吗！

然而遗憾的是，即使没有上面所提及的那些合理的因素，所有这些对一个信念的强化作用仍然可以出现。首先，正如前面所提及的，一种假说可能在提出之时就具有这样的性质，可以使得那些受假说支配的实验立即对其加以证实。例如有这样一种假说："反射是中枢神经系统唯一具有研究价值的基本性能"。这种假说的提出必然只能导致这样的实验方式，使得人们在实验过程中只注意系统对状态的变化所作出的回应。至于神经系统除了对刺激作消极反应之外是否还有其他功能在这个实验序次中则看不来。因此，科学工作者不仅需要自我批评精神，而且需要丰富的想象力和创造力，这样才不会犯错误，把假说"贬值"为"工作假说"，而且按照信息学理论的说法，还会在获取"信息"方面也是"卓有成效"的。否则的话，"工作假说"就不再会带来新的知识了，即使有也纯属例外。

同样，对大师学说的信赖可能在创建一个"学派"上很有价值，也就是说，有助于确立一个新的研究方向，但也可能会导致教条主义的危险。一位伟大的天才发现了一种新的理论，他会很容易根据经验而高估该理论的适用范围。雅克·洛布（Jacques Loeb），伊万·巴甫洛夫（Ivan Petrovich Pavlov），西格蒙特·弗洛伊德（Sigmund Freud）以及许多其他的伟大人物都曾有过这样的做法。此外，如果该理论过于明确，难以篡改伪造，再加上对大师的爱戴与尊敬——这一切因素协同起来就会使得学生变成了信徒，学校成为一种宗教信仰以及迷信，就好像有些地方曾出现过的、对弗洛伊德学说的"迷信"一样。

然而，就狭义而言，形成"教条"的决定性因素在于，除了上面提及的两种因素可以强化信念之外，还要加上数量极其众多的追随者，或曰弟子。现在，所谓的"大众媒体"，诸如报纸、广播、电视等都为一种学说的传播提供了众多的途径。这一切都很容易使得一种学说的性质发生变化，使它不再是一个未经证实的科学假说，使它不仅成为了普及的科学观点，而且还成为了公众的共同观点。

于是，从这一时刻起，所有那些用于记录已经得到证实的传统机制便不幸地开始运作起来——关于这些机制，我已经在第四章中详细论述过了。"教条"受到了人们顽强与感情强烈的捍卫，而人们原本是应该用这种态度来保证那些经过实践证明的聪明才智，那些已经经过"选择"净化了的古老文化知识免遭毁灭厄运的。而且，谁要是与这种观点不一致，他就会被当作异教徒而受到严厉谴责、尖锐批判、恶意中伤，并且尽一切可能使之名誉扫地，那些最特异的反应，如"暴乱"、"社会仇恨"等都会发泄到他的身上。

可以说，这样一种学说已经变成了无所不包的、万能的宗教了，它给予了它的信徒们一种主观上的满足，认为自己所获取的知识是明确无误的"最终答案"，是"上帝的启示"。所有与这种学说相悖的事实都被否定、忽视、不予理睬，甚至还常常会出现弗洛伊德所说的被"抑制"，也就是说，被排除在意识阈限之下。每次用实验来唤醒受压抑者的意识时，施压者都要用一种顽强的、极具情感的阻力来与之抗衡，受压者的观点——尤其是他对自己的看法——变化越大，这种阻力也越大。威利（Philip Wylie）说："每当遇到两种相互矛盾的学说的时候，人们总会对其中自视过高、自以为是那一方产生极其强烈的反感，因为它把对方看成是囿于错误的、异教的、不可信的、野蛮的、未开化的、简直就是由掠夺成性的侵入者所组成的。于是，'圣战'便会定期出现。"

所有这些事情发生的次数实在够多了，正如歌德（Goethe）说的那样："最终，在所有的魔鬼节日，不同派别之间的仇恨将成为最后的恐怖！"而当这种可灌输性将许多人、整个洲、甚至整个人类集结于某种独一无二的、极其可怕的错误信仰之中时，那么其产生的后果才真的是恶魔般的可怕。这并非危言耸听，因为这种危险的迹象已经出现了。在19世纪末，冯特（Wilhelm Wundt）就首次进行了认真严谨的实验，使心理学成为了一门自然科学，这门新的研究方向显然不是以生物学为指导的。尽管达尔文的理论早已是众所周知、全面普及了的，但是"比较"这种研究方法以及种系发生的"提问方式"对于新兴的实验心理学而言依然是完全陌生的。实验心理学所遵循是物理模式，因为在当时，取得了一系列成果的原子理论正是风行一时的热门理论。于是，实验心理学提出这样的假设，认为生物的行为应该与所有物质一样是由独立的、不可分的元素所组成的。本来，这种做法——在做与行为有关的实验时同时考虑到生理学与心理学的代偿观点——本身是正确的，但是对"物理模式"的遵从却使它必然走向这样一个极端，把反射当成是所有行为中——包括最复杂的神经过程——最重要，甚至是独一无二的要素。与此同时，巴甫洛夫关于"条件反射"形成过程的理论正好看起来像是为冯特所做的联想实验提供了清楚易懂的生理学方面的补充。可以说，对新创立理论的适用范围的高估是天才的特权，因此不必惊讶，这些确实可以称得上划时代的、且相互之间又确实如此相符的新学说不仅会使它们的创立者，甚至会使整个科学界对此产生一种信念：以为只要以"反射"以及"条件反射"为基础就可以解释动物与人类的"所有"行为。由于反射学说和条件反射的研究在刚开始时取得了巨大的、值得充分承认与赞赏的成果；加之这种假说具有极好的、令人信服的简易特性；再加之试验所具有的显而易见的精确性——这一切都使得这两个学说有理由成为操控世界的研究方向。但是，这两种理论对公众观点所产生的影响则应另当别论。因为，如果把这些理论运用到人类身上，就很容易使人们消除所有那些对人的本能与潜意识的存在所产生的担心和害怕。例如，这个学说的正统弟子们就清清楚楚地断言，人类在出生时是一张白纸，所有他们所想、所感、所知、所信的都是"环境决定"的结果。（多么遗憾，连德国心理学家也这样说。）

由于种种原因，这种看法受到了普遍的欢迎，对于这些原因，想必威利本人也很清楚。这并不难理解，为何虔诚的、驾信宗教的人们也会同意这一看法，试想一下，如果孩子在出生时是一张"白纸"，那么每位教徒都有义务与责任去努力，用自己所信仰的、唯一正确的教义来教育这个孩子——如果可能的话也包括所有别的孩子们。由此可见，行为主义学说强化了每一个教条主义者自己的信念，却不曾采取任何行动来促成各种学说之间的和解。这种具体的、简单的、容易理解的、机械论的学说对那些热爱自由、善于思考的美国人产生了巨大的吸引力，几乎人人都对此如数家珍。为何会产生这种现象呢？其最主要原因就在于，这个学说善于伪装，它给自己披上了一种自由的、民主的外衣。

"所有人都有权利拥有同等发展机遇"，这是一条伦理道德方面无可置疑的真理。然而，这条真理很容易被扭曲成一种谎言，即"所有人的潜在价值是相同的"。行为主义学说声称，只要能够拥有相同的外部条件，那么所有人都会有相同的成长；也就是说，只要这个外部条件是理想的，那么所有人都可以成为非常理想的人类；再或者说，人类丝毫不具有遗传特性，尤其是不具备可以决定人类社会行为与社会需求的遗传特性。

在这一点上，美国和苏联的统治者们绝对持相同观点，都认为这种无限制的人类"条件化"是值得不断追求的目标。他们对这种"伪民主学说"的信任——正如威利所说的——是基于这个愿望：希望它是真实可行的。因为这些个人操作性特征绝对不会造就聪明的魔鬼"超人"，而只会使自己成为这种不人道的教义的牺牲品。但是，所有有人性的人是绝对不会欢迎这种观点的。所有在本书中提及的会使人失去人性的现象都利于更好地操纵群众，因而受到了某些人的特别欢迎，"个性该死"就是其口号。无论是资本主义的大企业，还是苏联的机关干部，都希望使人们尽可能地成为一模一样的、毫不反抗的臣民，这与赫胥黎（Aldous Huxley）在其恐怖科幻小说《美好新世界》（*The brave New World*）中所描述的情景简直没有什么区别。

那些所谓具备优良"条件"的人被寄予的期望实在太高了，似乎可以把他们培养成无所不能的人。许多致命的罪孽都源自于这种错误学说，它促使文明人类做出抗拒大自然、抗拒人类的天性以及抗拒人情、人道的蠢事。如果一种遍及世界的思想体系连同由其产生的政策都是建立在一个谎言基础之上的话，那么必定会出现非常不幸的恶劣后果。这种伪民主学说也无疑应对美国所面临的道德与文化崩溃的危机负有相当大的责任，而且这种崩溃很有可能会将整个西方世界一起拽进它的漩涡之中。

向人类灌输一种错误的、只受其操纵者欢迎的价值观是危险的。米契里奇（A. Mitscherlich）很可能也了解这种危险性，他曾提出一种微妙的见解："我们绝对不可以假设，认为通过一种挖空心思想出来的操纵体系就可以使我们的时代比以前更能够阻碍人类的个体意识。"然而，我却完全相信，人性的发展的确受到了阻碍。因为，自古以来还从未出现过这样的情况，如此多的人数却分属于极少的种族群体；还从未出现过，群众的呼声如此行之有效；操纵者还未有过如此好的、建立在科学实验基础上的广告技术；他们也从未像现在这样拥有如此有说服力的"大众媒体"。

统治者们不仅在确立目标上有相同的原则，而且全世界所有的"统治阶层"也都借助于同样的方法手段来想方设法使自己的臣民成为美国生活方式的完美代表，成为理想的政府官员或者其他种种。我们这些所谓自由的西方文化人类都被大制造商的商业决策弄得团团转，而我们自己对此却毫无意识。如果我们到民主德国或是去苏联旅游，我们就会注意到那处处可见的红色标语条幅和标语牌，这些标语正是通过自己的无所不在来给大众施以心灵上的强烈影响。正如赫胥黎在《喋喋不休的机器》（*Babbling Machines*）中所描述的那样：轻轻地、有说服力的那样、不间断地喃喃自语着那些要宣传的信条。在那些国家我们看不到灯箱广告以及所有那些诱人挥霍的电视广告。任何还能用的东西都不会被抛弃：报纸被用作购物包装袋，老掉牙的汽车被保养得极好。于是，人们渐渐明白了，那些铺天盖地的商品广告绝非是与政治无关的，而是恰恰具有与红色标语同样的功能。至于是否所有那些红色标语牌宣传的都是愚蠢的、不好的，则是仁者见仁，智者见智。为了购进新产品而扔掉那些还能用的物品，这使得产量和消耗量都如雪崩般增长，这无疑也同样愚蠢和恶劣。照此下去，手工业会在与大企业的竞争中被彻底消灭；小企业主，包括农民在内，都将失去生存能力。我们所有人都被迫改变我们的生活方式去配合大制造商们的愿望，去吞食他们所推荐的食物，去穿戴他们所推荐的衣物，而最糟糕的是，由于我们已经被"条件化"了，或者说已经被灌输了这样的观点，所以我们根本无法察觉他们在做这样的事。

　　而可以使得大量民众"追求一致"的最行之有效的方式则是"时尚"。"时尚"原本来源于人类内心一种普通的愿望，即希望能够通过外表来表明自己所属的文化团体或种群，这一点令人不禁想到那些形形色色的、有着典型种族特色的民族服装，尤其是在山谷地带，那些"种"、"亚种"、"地方服装"等可谓绝妙无比。关于民族服装与种族间集团侵犯行为之间的关系，我已经在前面论及。而"时尚"的第二个作用对于我们的研究十分重要，在那些较大的城市，人们感觉到需要通过服装的标志来表明自己的社会等级——"阶层"。1964年在伦敦，拉武（Laver）曾在生物研究所的学术交流会上作报告，他精彩地指出：在每个时代，那些所谓的上等阶层的人都会重视这样的事——不能让那些下阶层的人使用与其"身份不符"的等级标志。在文化史上几乎没有一个领域能像时装一样可以如此清楚地表明，欧洲大陆的民主化程度越来越高。

本来，按其原始功能，"时尚"也许只能对文化发展产生稳定的、保守的影响，然而，城市贵族和上层人物确定了它的界线。正如柯里希（Otto König）所指出的，在制服的历史中，那些陈旧的、源自骑士时代的标志在士兵制服中消失了，但却长期被作为中高级军官的标志。在时尚领域出现了传统价值的倒挂现象，正如我曾论及的，这种现象显然也是与"嗜新症"相关的。现在，它又成为芸芸众生中的"上层"标志，在所有"流行"的新事物中占据了第一把交椅。显而易见，强化公众观点绝对是符合大制造商利益的。首先，他们成功地使广大的消费者认同了这种观点，认为拥有最新款式的服装、家具、汽车、洗衣机、洗碗机、电视机等等是最重要的"社会地位标志"，最微不足道的小玩意都可以通过类似方式被商家加以利用，来获取利润，有时简直到了荒谬的程度。例如，据一位年长的汽车专家回忆，以前的别克汽车在发动机护罩两侧装有一些毫无用处的小圆洞，小洞的边框上还镀了铬，其中八汽缸发动机的护罩每边有3个圆洞，而比较便宜的六汽缸发动机则每边只有2个洞。某一天，厂家决定将六汽缸发动机护罩两侧的"圆眼睛"也增加到每边3个，这个措施果真取得了预期的效果——这种车型的销量猛增。这时，八汽缸车型的用户不满意了，他们纷纷给厂家寄去批评信以示抗议。于是，厂商为了安慰这些用户，便承诺将"改正错误"，把这些只有八汽缸汽车才有权得到的地位标志从那些"低等级"的汽车上去掉！

"时尚"所带来的最恶劣的后果就是对自然科学领域的影响。这是一个很大的错误，即认为专职科学家是不会患上前面章节所论及的文化疾病的。也许，只有那些与此直接相关的学科代表——如生态学家和心理学家——才会觉察到，"现代人"这个物种的确有些"变质"了。然而在"科学排行榜"中，或在当代舆论所评定的不同学科的等级排序中，这些对"人类"明察秋毫的学科却总是处于极其低劣的地位。关于这一点，辛普森（George Gaylord Simpson）在其新近发表的讽刺佳作《喙序》（Peck order）中进行了精彩绝伦的描述。

不仅社会舆论对科学有这样的看法，甚至连科学家内部的观点无疑也有此倾向，只把那些迎合大众、脱离自然、崇尚商业价值、情感冷淡、挥霍无度、丧失文化传统的人类的观点看作是最重要的。甚至可以说，连自然科学家的观点也出现了前面章节所论述的那些衰之的征兆。所谓的"大科学"绝对不是关于我们这个星球上最高等、复杂、尖端的科学，也绝对不是关于人类灵魂与思想的科学。确切地说，它只是可以带来更多金钱的科学，制造更多能量的科学，或者是具有更高威力的科学——而恰恰正是这种威力摧毁了所有真正伟大而美好的事物。

　　我们的确不可否认，在自然科学领域之中，物理理应得到某种"特权"。物理是自然科学这个连环体系的基础，在这个大体系的每个环节——包括最高级别的研究领域——所取得的每一次成功解析都是"向下"通向物理的一步。"Analyse"（分析）这个词用德文表达是"Auflösung"（分开，排除），被分开与排除的东西当然不是某种特定的自然科学本身所固有的规律性，而仅仅是它与另外一门普通自然科学学科之间的界限。迄今为止，这种类型的"领域分割"只取得过一次真正的成功，即物理化学与普通物理之间的分离，物理化学研究领域的自然法则确实可以归因于普通物理。此外，生物化学也可以划分出"生物"与"化学"之间的界线。然而，在其他自然科学领域却几乎不曾取得类似的成果。但是尽管如此，"分析"这种研究方法却遍地开花，处处可见。人们试图将每一个知识领域——即哈特曼（Nicolai Hartmann）所说的"物质存在层"（Schichte des realen Seins）中的现象与规律性都归因于相近领域中已经得到证实且已生效的原理，并用另一个较高"存在层"本身所具有的组织结构来解释这个知识领域。虽然我们这些生物学家也认为对这些组织结构及其历史进行研究是很重要的，但我们同时也认为这种研究很容易出现偏差，就像柯瑞克（Crick）把生物当成物理的一种单纯延伸一样。同时，我们也要强调，物理这门学科也有一个基础，这个基础就是生物学科——关于活生生的人类生命的学科。然而，按照上面所提的观点，我们这些生物学家只是优秀的"物理学家"而已，我们应当承认物理是我们的研究基础，并力求把物理作为我们的研究基础。

然而我却认为，与其说是这种合理的高度评价，即将物理视为所有自然科学学科的基础，使其被公认为所有学科中"最伟大的"，不如说是前面所提及的那些简直令人有些恶心的缘由所致。由社会舆论来评价科学是一种很奇怪的现象，正如辛普森所说的，研究题材越尖端、越复杂、涉及面越广、越有价值，公众的评价就越低。造就这种现象的原因很多，除了上述种种，还有一些其他缘由，关于这一点，我将在下面论及。

自然科学家完全有权自由选择研究项目，无论该课题处于何种物理存在层，也无论它处于生命过程的何种积分层次，都是一样合理合法。现在，关于人类精神与思想的科学，尤其是认识论，也开始成为一种生物科学。我认为，所谓的科学研究精确性与研究对象的难度以及积分层次都无关，而只取决于研究者的自我批评精神以及研究方法的纯度。物理和化学常被称为"精确的自然科学"，这种说法实际上是对其他科学的一种诬蔑。关于科学有一些著名的格言，诸如："每种自然科学研究都是包含数学的科学"，"科学就是测量一切可以测量的，把不可测量的变成可以测量的"等等，简直是十足的胡说八道——无论是对认识论还是对人类而言都是如此。简直难以相信，这些话居然出自那些"准专家"之口！

尽管这些伪真理已经被证实是错误的，但是它对科学界的影响却依然十分巨大。例如，现在所流行的"时尚"就是：运用"尽可能与物理类似"的方法。至于这样做是否可以使相关课题的研究取得成果则无关紧要。每种自然科学——包括物理在内——都是先描述，接下来是对所描述的现象进行分类、编排，然后才开始"抽象化"，总结其中存在的规律，实验则是用来对这些抽象的自然法则进行验证的手段，因此，它位于这个研究程序的最后一环。这些研究步骤是每一种自然科学都必须一一经过的。长期以来，物理一直在"抽象化"以及"实验验证"两个环节保持发展势头，此外，物理是无法"直观"地传播的，而是基本上必须通过运算程序来对其加以阐释，由此获取对它的认知。因此，许多人便认定这些研究方法也必定可以照搬到其他一些研究领域，只要这个研究对象与物理比较接近，且在目前状况下只适合进行简单的观察与描述。而且，一个有机系统越复杂、越一体化，上述的研究程序就越要严格遵循。因此，正是在行为研究领域，这种时尚的、超前的实验工作模式结出了荒谬的果实。这种错误做法当然受到了"伪民主学说"信仰者的支持，因为这个学说本来就认为，动物和人的行为与种系发生所形成的中枢神经系统的组织结构毫无关联，而只由环境与习得来决定。这种受行为主义操纵的思想方法与工作方法所犯的原则性错误就在于对中枢神经系统组织结构的忽视，认为完全没有必要对其加以描述，认为只有实验和统计才是合理的方法。然而，所有生物法则无不产生于组织结构的功能，因此，不对生物组织结构进行实地考察就想成功地对其行为规律进行概括，这种做法无疑是徒劳的。

可以说，这些科学的基本原理是非常容易理解的，甚至是每位高中毕业生在开始大学学业之前就应该了解的。然而，这种对物理模式加以效仿的"时尚"如此顽强与固执，几乎占领了整个现代生物学的所有领域，其后果是十分有害的。而且，所研究的体系越复杂，越不为人知，这种"时尚"所产生的危害性就越大，而恰恰在这两方面，对高级动物与人的行为起决定作用的感觉神经系统都堪称第一。现在有种"时尚的"趋向，把对积分层次低的研究当作是"科学的"，这很容易导致"原子论"——即孤立地看待事物的方法，也就是说，在对从属系统进行研究时，不同时考虑这种从属系统对整体结构的建立所起的作用。这种我们称为"还原论"的研究方法错误的原因并不在于这种所有自然科学研究者们的共同愿望——即把最高积分层次的生命现象归因于基础的自然法则并由其加以解释，而在于它无视那种不可测量的复杂结构。这种结构是由亚系统组织而成的，而且我们只有通过这种结构才有可能了解整个系统的特性。如果谁要想对适合系统科学研究的方法论有进一步的了解，可以去读一下哈特曼（Nicolai Hartmann）的《现实世界中的结构》（*Aufbau der realen Welt*）或是魏斯（Paul Weiss）的《还原论分层》（*Reductionism stratified*）。这两部著作所论述的内容基本一致，但观察角度有所不同，使得所描述的事物看起来非常形象且一目了然。

　　这种至今流行的科学研究的"时尚"所带来的最大恶果就是，它像创造"时装"或是"新款汽车"一样创造了一种"地位标志"，因为只有这样才会形成被辛普森所嘲笑的那种"科学等级"。那些风头正健的操作主义者、还原论者、计量学家和统计学家们充满同情地蔑视着每一位"老土的"、"过时的"科学工作者，因为这些"老土"们居然相信，只要通过对动物和人的行为进行观察与描述，而不用借助于实验甚至计算就可以揭示大自然的本质。而只有在下述情况下，这种以高智能的生命系统为对象的研究才会被承认是"科学的"：通过刻意的措施——即格利芬（Donald Griffin）所称的"简单过滤"（Simplicity filters）——把那种具有欺骗性的假象从与组织结构密切相关的系统特性中"更精确地"——即通过类似物理的简便方法——激发出来。或者，大量运用使人敬佩同时也使人犯晕的数据统计资料，这些资料简直多到使人忘却了这个事实，即他们所研究的"基本粒子"是活生生的人，而不只是中子。换句话说：对人类行为的研究要想得到"科学的"这个评价，就必须把所有那些高度一体化的系统——包括人类在内——最有魅力的部分都从研究中删除，尤其是那种主观的体验，即弗洛伊德理论中所说的那些被压抑的极其猥亵的事情。如果谁把这种独特的主观体验当作研究对象，那么他就会被视为主观主义分子并遭到极度的鄙视。要是他胆敢使用"心理和生理同型"或曰"心身同型论"来理解生理过程，那就更会雪上加霜了。那些"伪民主学说"的空论家们把"心理学没有灵魂"写在了他们的旗帜上，却完全忘记了正是他们自己在进行所谓"最客观"的研究时，只以自己主观体验作为途径来认识和了解研究对象。现在，谁要是居然提出这种看法，认为研究人类精神思想的科学也可以被当作一门自然科学来推行，那他绝对会被看成是疯子。

当代科学家们的这些错误观点恰恰都是彻头彻尾不科学的，只能用这种"思想压力"——即必须与众多的、易受灌输的人类群体意见一致——来对此加以解释。这种"压力"也常常能够在人类生活的其他领域制造出令人难以置信的时尚潮流。这种"时尚灌输"对科学领域特别危险，它使得许多现代自然科学工作者的求知欲发生转向，背离了人类求知的真正目的——即更好地认识我们人类自身，而现在流行的科学"时尚"则是趋向"非人性化的"。于是，一些对这些处处可见的、像恶性肿瘤一样到处蔓延的丧失人性的现象有着清醒认识的思想家们开始倾向于这种观点，认为这种科学思想是非人性的，是它招致了"非人性化"的危害。但是，正如我所说的，我本人不同意这种观点。恰恰相反，我认为这种现象的产生是因为这些当代科学家们在其儿童时代受到了"非人性化"现象的侵害，这些现象最初是出现在非科学的文化中的。在普通的文化疾病和专门与科学相关的文化疾病之间有着极其明显的类似之处，而且，经过进一步观察研究则会发现，前者恰恰是后者的起因而不是结果。

科学对"时尚"的易感受性是危险的，甚至使人类面临失去最后支柱的威胁。但是，只要阻止前四章所论及的文化疾病对科学产生负面的影响，那么，威胁与危险就永远不可能出现。人口爆炸产生了无法避免的"个性丧失"与"一致性"；对大自然的疏远使人失去了"崇敬"的能力；在功利主义思想指导下，人类自身的商业竞争使得人类把手段当成了目的，却忘却了原来的目标；情感冷漠现象也同样不可忽视——所有这一切都可以在科学领域的非人化现象中找到其踪影，它们——这些文化疾病——是造成这种现象产生的根源而非结果。

◉ 注解

1. 认知论

关于认知心理学的理论。认知心理学是当代心理学中一个重要的专门领域，在当前的心理科学中具有显要的地位。它以研究人类知识的表现方式为主旨，力图探明从知识的获得、贮存、转换直至使用的完整规律。它涉及的研究分支有：知觉、注意力、记忆、语言、发展心理学、想象、思维和人工智能等。认知心理学在理论和方法上都反对行为主义的传统，它不把着眼点局限于外在行为，而是致力于弄清内在的心理活动的奥秘，努力从认知的结构和过程这两个彼此关联的方向上进行深入的研究。认知心理学家们在科学观上受到当代某些科学哲学观点的影响，提倡在观察基础上建立完整详尽的概念化模型，并根据这种模型提出假设，进行预测，然后再按验证结果调整模型本身。认知心理学家所运用的理论概念，一般都不按实证主义或操作主义（见操作论词条）的要求来下定义。在理论倾向上，认知心理学家中间存在某些不一致的见解。他们中有些人崇尚结构主义思想，另有很多人以信息加工模型作为范式，此外还有一些人则采取与早期某些心灵主义心理学家相类似的态度。

2. 模式匹配

模式匹配（Pattern matching）是检测一个给定模式要素存在的行为。模式匹配被用于检测有预想结构的事物，来寻找有关结构，和重新获得矫正部分和用别的东西替代匹配部分。手写的字虽然在形状、大小、倾斜度、笔画等各方面都有变化，但仍能把相应的字认出来，即是模式识别。模式一词在人工智能上使用更为广泛。组成一个模式的成分称为特征、属性或维度。外界环境的刺激如何在人脑中被表达，是模式识别的主要问题。当代的认知心理学把模式识别的理论，归纳为样板匹配理论和特征分析理论。前者假定网膜像如实地被编码于脑中，并直接与脑中所存贮的各种样板相匹配，两者重叠程度最高的就被确认。

3. 现象学

以现象学为哲学基础的心理学思想。现象学的创始人是德国哲学家胡塞尔（E. Husserl）。他提倡对意识现象给予不加分析、不带任何先入之见的直觉观察，达到现象的还原，并主张在此基础上进行本真的还原，在想象中变动现象的各个部分，从中把握住现象在部分变动时保持不变的那部分内容即现象的本质结构，然后再进行超验的还原，将一切有关存在的经验暂且搁置不论，还原到自我以及自我的意向性活动，从这二者出发构成意识的对象（见"意向论词条"）。

胡塞尔的观点和方法，曾被西方某些心理学派采纳。

4. 信念

主体对于自然和社会的某种理论原理、思想见解坚信无疑的看法。它是人们赖以从事实践活动的精神支柱，是人们自觉行动的激励力量。信念一旦确立之后，就会给主体的心理活动以深远的影响，决定着一个人的行为和原则性、坚韧性。人的世界观、人生观、道德观等，都是由信念所组成的一定的体系。信念的动摇和瓦解，是一个人精神崩溃的根本原因。信念是在认识过程中确立的，并受到认识的深度和发展的影响。但是，如果没有情感的内心体验，认识是很难转化为信念的，消极情感的内心体验还会阻碍一个人的认识信念的转化。因此可以说信念是认识和情感的"合金"。

5. 意识

意识是人所特有的心理反应的高级形式。无机物只有理化的变异性，植物有受刺激的向性，无脊椎动物有神经系统的本能反应性，脊椎动物有学习的心理行为，只有人类才有个人自觉的意识活动。19世纪中叶后，心理学在意识旗帜下成为一门独立学科。20世纪初，客观主义心理学排除意识于研究领域之外；30年代后，意识又在操作主义影响下成为某些新行为主义者注意的对象；60年代后，随着自然科学的发展和实践的需要，意识问题又特别受到心理学界的重视。近年来，特别由于信息论和电子计算技术的引用，结合对意识的控制问题，关于意识的心理学研究将日趋重要。

西方心理学界至今对意识尚无公认的确切界说，较流行的有下列一些看法：（1）意识即认识，在古希腊罗马时代已将意识定义为人们相互关联的共同的知识，有时也指一人对自己内部世界的知识；（2）意识是觉知，即强调认识的感性成分，有时意识指一人的直接觉知；（3）意识为个人的统一性，即意识指个人心理活动的整体，但在双重人格情况下意识可体现为双重意识；（4）意识代表正常的觉醒状态等。

6. 实验心理学

在控制的条件下进行研究工作的心理学。与其把它说成心理学的一个分支，倒不如把它看作研究心理学一种方法学。在19世纪以前，多半是在哲学领域内讨论心理学的问题，所用的是思辨的方法，并认为研究心理学，实验的方法是不适用的。文艺复兴以后，欧洲出现的一些唯物主义哲学思潮和自然科学的发展，对后来实验心理学的诞生都起着推动的作用。

冯特用实验的方法为研究心理学作了组织和提倡的工作，所以常把1879年他在德国莱比锡大学建立的心理学研究室作为心理学从哲学中分化出来成为一门独立学科的标志，并称他为实验心理学的创始人。

实验方法虽都是在控制的条件下进行研究，但由于不同的心理学流派所主张的心理学研究的对象不同，在控制条件下观察什么则不尽相同。例如，构造主义者就主张用内省法观察自己的直接经验，并企图把意识分成最简单、最基本的心理元素；行为主义者则主张在控制条件下观察人和动物的行为等。

7. 物理主义心理学

心理学中的一种理论倾向。它认为任何心理学的科学命题都必须能够还原成物理学的语言陈述，强调置心理学于物理学的基石之上。物理主义在哲学中的主要代表是维也纳的逻辑实证主义者，由于他们的倡导，一批心理学家，如赫尔、斯金纳、斯蒂文斯等，都曾在不同角度上主张物理主义的心理学。在心理学中，生理或生物学的还原论以及刺激－反应公式等，都是物理主义倾向的反映。

8. 联想主义

心理学中的一种理论倾向。它认为，心理是由一些不可再分的元素所合成。联想主义传统可上溯至古代希腊，亚里士多德曾提出相似律、近时律、近距律、差异律4条联想原则，17、18世纪的英国哲学家洛克（J. Locke）、休谟（D. Hume）开创了近代联想主义心理学，把观念联想看作是心理活动中的重要内容。同时，英国联想主义者哈特莱（D.

Hartley）提出接近和重复原则作为联想发生的必要条件。之后，穆勒（J. Mill）进一步强调了时间接近联想中的重要性；培因（A. Bain）也相继提出其他的一些联想原则。在现代心理学中，桑代克（E. L. Thorndike）提出的刺激 – 反应联结主义，属于联想主义的传统。此外，有人将巴甫洛夫的条件反射学说也看作是联想主义基础上的一种发展。

9. 分析

分析是在头脑中从事物整体中分解出它的部分、个别特性、个别方面、联系、关系等，即把被认识的对象的整体分为不同的成分。思维的分析主要借助于言语来进行，有两种形式：（1）过滤式的分析；（2）通过综合的有方向的分析。分析过程是通向更深入地认识整体的道路。

10. 抽象和概括

抽象是在头脑中把各种对象或现象之间的共同属性、本质特性抽取出来，并舍弃其他属性的过程。概括是在思想上把抽象出来的各种对象或现象之间的共同属性、本质特征结合起来的过程。把对象的共同点按照其偶然的、共同特征联合起来，是初级形式的概括；舍弃次要的、非本质的特征，在各种对象中确定本质特征的共同点，是高级形式的概括。抽象和概括是密切联系的，实质上是在比较基础上进行的更为高级的分析和综合，是思维的基本过程。

11. 原子论

一种心理学理论，也作"元素论"或"分子论"。它认为，心理现象只有分解为或还原为其组成成分时，才可最恰当地进行研究并获得最正确的理解，联想主义、感觉主义和极端行为主义的心理学都持这一立场。

12. 还原论

在科学与哲学中对不同事实进行归属的一种观点与方法，它的基本含义是把高级水平的事实归结为低级水平的事实。它可分为理论还原论与方法还原论两类。前者认为，一门科学的主题应以其他学科的术语来表达，如以生理学术语表达心理学主题，后者认为，一学科研究技术应借自其他学科。方法与理论，二者有联系，方法以理论为前提。另外，有人从分析与综合的角度认为，还原论是把一复杂事实分解为其组成成分，如把心理还原为感觉与情感等。

13. 操作论

指经验论的彻底形式。其哲学基础为逻辑实证主义，其自然科学来源是物理学。美国物理学家布里奇曼（P. W. Bridgman），为排除物理学的虚假的和多余的概念而提出的这一理论。它的含义是，任何科学概念必须与科学家所完成的操作相呼应。心理学中的操作论有其动物心理学和行为主义的来源。19世纪20年代至30年代之间，不少心理学家曾受操作论的影响，如说智力的概念由所使用的智力测验来确定。30年代后，它受到不少心理学家的反对，其影响逐渐下降。

14. 心身同型论

心理学中一种心身二元论假说。完形派心理学在心身问题上持这种观点。它假定在刺激与脑兴奋感受野之间存在一对一的相应关系，如知觉的大小与脑兴奋感受野的大小有相应的关系，但它并不意味着环境中的客体被刻画在大脑皮层上，而仅仅是如同路线图那样与环境中的道路具有相应性而非等同性。因此，知觉与大脑活动具有同型的而非等同的关系。

第九章

总结

上述文明人类的八大罪孽既相互独立，又相互关联。它们不仅使人类的现代文明出现衰竭征兆，而且使人类面临着毁灭的危险。

本书主要论及了互相独立、但又存在密切因果关系的八种现象，它们不仅使人们的现代文明出现衰竭征兆，而且使整个人类"物种"面临着毁灭的危险。

这八种现象是：

（1）地球人口爆炸。社交的供过于求，迫使我们每个人不得不采用一种完全"非人性"的方式来进行自我保护，使自己免受外界影响。此外，众多个体紧挤在一个狭小的空间里也直接引发了侵犯行为。

（2）自然的生存空间遭到毁坏。不仅我们所生活的外部生态环境受到了破坏，而且使人类内心中对大自然美丽而伟大的天赐之作的崇敬之情也消失殆尽。

（3）人类自身的竞争。竞争使科技的发展速度快到令我们即将毁灭的地步；竞争使人类对一切真正的价值视而不见；竞争使人类没有时间来对真正具有人性的事情进行"反省"。

（4）脆弱使人类所有的强烈情感发生了萎缩。工艺学与药理学方面的进步使得人类对所有能引起"不快"的事物都无法容忍。由此也使人类无力享受那种特殊的快乐，那种通过辛苦的努力而克服障碍所带来的至高无比的快乐。那种天然造就的、如同波浪一样高低起伏的痛苦与快乐的对比已渐渐消退平息，变成了一澜死水般无可名状的无聊。

（5）遗传的蜕变。除了"正义感"以及一些流传下来的传统道理之外，在现代文明中已没有什么遗传因素能够对社会行为规则的发展与维护施加"选择"压力，而随着集团的增多，这种因素恰恰变得越来越必要。幼稚行为使得很多现代"叛逆"青年变成了社会的寄生虫。这些现象的出现很可能要归因于遗传的蜕变。

（6）抛弃传统。这种现象的发生是由于青年一代已经无法再理解老一代的文化传统，更谈不上认同了。因此，他们像对待一个"陌生的种群"一样来对待文化传统并用民族仇恨来对付它。产生这种认同障碍的原因主要是由于父母与子女之间在婴儿时代就缺乏交流，从而导致了病态后果。

（7）人类的可灌输性增加了。越来越多的人隶属于一个独特的文化群体，加之技术手段越来越完善，导致舆论使公众观点轻易就会"一致化"，而这是人类历史上前所未有的现象。此外，随着"弟子"的数量不断增多，一种深受信赖的学说会对他们的心灵产生强烈的影响，甚至这种影响在以几何比例来增长。现在，在一些地方，如果一个人有意识地避开大众媒体、电视等影响，他简直会被众人视作"病态"。这种使人丧失个性的效用却深受所有希望操纵民众的人欢迎。民意调查、广告技术和推出受操控的"时尚"既有助于大生产商获取更高的利润，也有助于"铁幕"人物来对群众行使更大的权力。

（8）"核武器"。人类用"核武器"来加强军备力量，却为人类自身招致了危险。但是，如果把核武器对人类的威胁与其他"七大罪"对人类的影响作一下对比，就不能不承认它是"八大罪"中最容易避免的一个。确实，连一个傻瓜或一个没有判断能力的精神病人也能成功地开启那个核武器按钮。确实，对方的一次简单事故就可能被误认为是对我方的侵犯并由此挑起战争的灾祸。但是，至少人们为反对"核弹"所能采取的行动是非常清楚的：不制造它或者不使用它。然而，由于人类所共有的令人难以相信的愚蠢，使得这些行动都不可能实现，而那些对这些危险有清楚认识的人士却不知道该采取什么对策。与其他七种人类罪孽相比，我对于这些不会轻易被投掷的"核弹"的态度要乐观一些。

核武器对人类所带来的最大威胁在于，它制造了一种普遍存在的"世界末日"情绪。而那种不负责任的行为、不成熟的性格、对"即刻满足"的追求以及对未来的责任力不从心之感都肯定与这种潜意识中的恐惧有关——"世界还能存在多久？"

对于前七种非人性化事件，伪民主学说都起到了推波助澜的作用。因为，它认为人类的社会行为与伦理道德都完全不受种系发生所展开的中枢神经组织以及感官组织所控制，而只受到个体发育过程中的文化环境"条件"的影响。

"Bravo（太棒了）！"在这个夏日将尽的傍晚，经历了一百多个不眠之夜，终于将这本薄薄的，却又如青橄榄般涩甜相间的佳作翻译完毕。在这一刹那，心中的感受真可谓五味杂陈，难以笔述。

康拉德·洛伦茨，这位杰出的行为学家，诺贝尔医学与生理学奖得主，这个被指控为"战争狂人"、"纳粹分子"的奥地利人，在晚年将其所思所想转移到社会伦理方面，于1973年出版了这本著名的《文明人类的八大罪孽》，希望借此搜寻人类进化过程中由侵犯行为所造成的骇人听闻之举（例如战争以及其他毁灭和侵犯形式），为在人类行为方面建立合乎理性的教养赢得地盘。

初识此书，是在生机盎然的春天，出版社的一位朋友约我将其译成中文，而我只看了序，便欣然同意，只因为那"八大罪"的名称已让我惊叹作者杰出的预见能力。要知道，康氏此书写于20世纪70年代初，而书中所涉及的问题

197

却在近30年后依然是热门话题！然而，真正着手翻译，才发现这项任务实在不易。虽然接触日耳曼语言文学已15年了，但这本书却完全不同于我以前所涉及的领域。于是，便开始泡图书馆，单是心理学与哲学的书籍就浏览了几十本，其中许多书对我的帮助极大，尤其是南京大学周晓虹老师所译著的书。说起来，我和周晓虹老师还有一层师生关系呢，80年代中期，我在南京大学外文系读书时，就曾选修过周老师的心理学课，当时济济一堂的学生，不时被周老师幽默生动的风格所感染而发出的会心笑声，那一幕至今尚历历在目。在此，特向周晓虹老师及各位参考书目的译著者表示感谢！

由于洛伦茨的写作风格跳跃性较大，为了便于读者更好地理解其内涵，又按出版社编辑的意见，在每一章的前面附加了"背景知识"。这些背景资料均来源于各种心理学及其他社会科学方面的书籍，如果读者对其中某些部分有兴趣，可查找相关书籍。至于一些概念的注解则大都取自《心理学词典》（林传鼎等主编，江西科学技术出版社，1986年）。另外，我还要特别感谢德国的坎普弗（S. Kämpfer）女士。在翻译此书期间，我和坎普弗女士每周均定期"约会"两次，用她的话说，共同"学习"这本杰作。我们共同探讨书中一些论点的文化背景以及内涵，这对我正确理解作者的观点帮助很大。

时光流逝，虽然洛伦茨早已仙逝，而此书的翻译也已搁笔，然而回首这些不凡的日子，心中依旧感慨万千。由于译者的知识浅薄，定有不妥之处，要恳请读者见谅与指正。但坦率地说，我甚至可以用"自豪"来形容自己此刻的感受，因为我相信，这本书一定会给那些关心世界、关心社会、关心人类命运的人士带来某些启示，使我们得以从另外一个角度进行思考。若能达此目的，便是译者最大的欣慰了。

最后，我还要特别感谢出版社的编辑，以及我的先生对我的鼓励与支持，不仅令我坚定了信心，而且使我沉静下来，全心投入这项艰巨而又快乐的翻译工作并顺利完稿。

徐筱春

1999年8月28日于中国科技大学

图书在版编目（CIP）数据

文明人类的八大罪孽 /（奥）洛伦茨著；徐筱春译.
-- 北京：中信出版社，2013.4（2024.7重印）
ISBN 978-7-5086-3881-2

Ⅰ.①文… Ⅱ.①洛…②徐… Ⅲ.①社会人类学 Ⅳ.①C912.4

中国版本图书馆CIP数据核字（2013）第044771号

Die acht Todsünden der zivilisierten Menschheit
Author: Konrad Lorenz
Title: Die acht Todsünden der zivilisierten Menschheit
Copyright © Piper Verlag GmbH, Munich, Germany 1973
Chinese language edition arranged through HERCULES Business & Culture GmbH, Germany
本书仅限中国大陆地区发行销售

文明人类的八大罪孽

著　者：[奥]康拉德·洛伦茨
译　者：徐筱春
出版发行：中信出版集团股份有限公司
　　　　　（北京市朝阳区东三环北路27号嘉铭中心　邮编　100020）
承　印　者：北京通州皇家印刷厂

开　　本：787mm×1092mm　1/32　　印　张：6.5　　字　数：110千字
版　　次：2013年4月第1版　　　　印　次：2024年7月第10次印刷
京权图字：01-2009-6375
书　　号：ISBN 978-7-5086-3881-2
定　　价：35.00元